KB273777

나의 엔딩 노트

한스미디어

추천사

작년에 나는 상을 두 번 치렀다. 할머니와 할아버지가 연이어 돌아가셨다. 그 과정에서 가족들이 할 일은 슬퍼하는 것만이 아니다. 마무리를 향해 나아가는 느리고 긴 이별의 길 자체가 참 어렵다.

당사자의 뜻을 알 수만 있어도, 당사자가 조금만 준비를 해 놓아도 그것이 남은 이들에게는 감정적 해소와 실질적 도움이 된다.

입관실에서 마지막 인사를 할 때 직접 마련하셨다는 고운 수의를 입은 고인을 보며, 할머니가 생전에 준비해 놓았다는 모서리가 해진 금강경을 펼쳐 그 위를 덮으며 위로받았다. 당신이 준비해 주신 덕분이었다.

이 과정을 거치며 '이 부분은 내 부모에게도 꼭 미리 여쭈어 의사를 확인해 두어야겠다' '이건 나도 정리해 둬야겠다'고 생각한 일들이 많았다. 나와 남겨질 사람들을 위해 꼭 정리해야 할 일종의 체크리스트가 마음속에 생겨났다. 그러나 막상, 가까운 이들과 죽음을 논하기는 쉽지 않다. 말을 꺼내기도 조심스럽다.

이 『나의 엔딩 노트』는 바로 내가 원했던 체크리스트다. 이 노트의 각 항목은 세심하고 상세하고, 한국 실정에 부합하는 설명도 큰 도움이 된다. 아직 노인을 돌보거나 장례를 치러보지 않은 독자는 이 노트를 읽으며 비로소 "아, 이런 것까지 챙겨야 하는구나" 하고 깨닫는 경우도 많으리라 생각한다. 주변에 이 노트를 선물하거나 문항을 함께 써 나가며 죽음과 그 정리라는 화제를 자연스럽게 상의할 수 있다는 것도 더없이 큰 장점이다.

이 노트는 언젠가는 떠날, 언젠가는 남겨질 모든 사람들을 위한 필독서다. 이 노트 한 권으로 준비해 두면 훗날 그날이 왔을 때 당신의 마음에 슬픔, 안도, 추억에 할당할 수 있는 약간의 여유가 생길 것이다. 그리고 그 여유가, 두고두고 위로가 되리라.

_법률사무소 '보다' 대표변호사 정소연

'엔딩 노트'란 앞으로의 평안한 삶을 위한 '정보의 총체'입니다

『나의 엔딩 노트』는 본인의 정보를 자신과 가족이 알아보기 쉽게 정리하는 노트입니다. 자기 일도 의외로 막상 필요할 때는 미처 생각나지 않을 수 있습니다. 그러니 이 노트에 하나씩 적으면서 정리해 보면 어떨까요?

예를 들어, 예기치 못하게 입원하게 되었다고 가정해 봅시다. 건강 상태, 예·적금이나 보험, 중요한 연락처, 컴퓨터나 스마트폰의 이용 정보 등을 노트 한 권에 모두 정리해 두면 본인뿐만 아니라 가족에게도 매우 큰 도움이 되겠지요.

또한 '현재'의 생활에도 도움이 됩니다. 예를 들어, 웹사이트 가입 정보나 보험 계약 관련 정보가 기억나지 않을 때 혹은 중요한 서류를 잃어버렸을 때 이 노트를 참고하면 각종 절차를 훨씬 수월하게 처리할 수 있겠지요.

그뿐만 아니라 가계 재정 점검, 재산 관리, 노후 계획에도 활용할 수 있어 앞으로의 인생 계획을 세울 때도 좋은 아이디어를 제공할 수도 있습니다. 마지막으로 돌봄이나 임종기臨終期의료에 관한 희망 사항 등을 적어두는 것도 인생을 나답게 마무리하기 위해 무척 중요하겠지요.

즉, 『나의 엔딩 노트』는 앞으로의 삶을 위한 대비입니다. 그러니 이 노트는 몇 살에 작성하든 전혀 이르지 않습니다. 앞으로의 인생을 나답게 보내고 싶다면 부디 이 노트를 활용해 주세요.

언제나 든든!
지금부터 적어두면
평생 도움이 된다!

① 생활의 기록으로서 도움이 된다

의료 정보, 살림이나 재산 정보, 주소록 등을 한 권으로 정리할 수 있는 이 노트는 생활의 기록으로서 도움이 됩니다. 예를 들어, 지갑을 잃어버렸을 때 이 노트를 보면 신용카드나 체크카드의 정보를 바로 파악할 수 있으므로 당황하지 않고 대처할 수 있습니다. 재해와 같은 긴급 상황이 발생해 대피해야 할 때도 이 노트가 있으면 마음이 든든하겠지요.

② 질병이나 부상을 당했을 때도 안심이다

갑작스러운 입원 시 알레르기와 같이 기본적인 정보나 지병, 상용약, 병력 등 건강과 관련된 중요한 정보를 의료 기관에 바로 전달할 수 있습니다. 의료보험이나 손해보험 등의 정보는 보험금 청구 절차도 수월하게 해줍니다. 친인척이나 친구 및 지인의 연락처는 의외로 가족도 잘 모르는 경우가 많습니다. 노트에 적어두면 만일의 상황에 활용할 수 있겠지요.

③ 생활을 정돈할 수 있다

예·적금이나 부동산 등의 자산 목록을 정리하며 현재 가계 재정이나 노후 생활 자금에 대해 점검해 봅시다. 생명보험, 손해보험, 의료보험 등 보험 목록을 정리해 두면 보험 계약 내용을 확인하고 재검토하는 계기가 되겠지요. 또한 상속이나 장례에 대해서도 노트에 적다 보면 내가 원하는 게 무엇인지 분명해집니다.

④ 돌봄이 필요할 때나 사후에 가족에게 도움이 된다

돌봄이 필요하거나 치매 또는 중대한 질병에 걸렸을 때 어떤 방식의 돌봄 및 치료를 원하는지 희망 사항을 적어두면 가족이 결정을 내리기 수월해집니다. 다양한 계약 내용이 적힌 기록은 사후에 가족의 부담을 줄여줄 수 있겠지요.

몇 살에 준비하든 '전혀 이르지 않습니다!' 혼자 또는 가족과 함께 지금부터 작성해 봅시다

나이가 몇 살이든 작성해 두면 반드시 도움이 됩니다. 혼자든, 가족과 함께든 건강할 때 미리 한 명씩 자신의 노트를 준비해야 합니다. 부모님이 노트 작성을 어려워한다면 자녀가 도와 함께 작성해도 좋습니다. 부모와 자녀가 각자 자기만의 '엔딩 노트'를 만들어 나갑시다.

Q 적을 내용이 너무 많아서 귀찮아요!

A 중요한 부분이나 작성할 수 있는 부분부터 적어도 OK!

처음부터 전부 작성하려고 하지 않아도 괜찮습니다. 중요(9쪽 참조)하거나 적고 싶은 항목 또는 '이 정도는 적을 수 있겠다' 싶은 항목부터 적어 나갑시다. 한 마디라도 적어두면 만일의 경우 큰 도움이 됩니다.

Q 가족이 "생전 정리는 아직 이르다"며 작성하기를 거부합니다.

A 추억을 나누며 한 권씩 만들어 봅시다.

'엔딩 노트'라고 하면 "생전 정리는 아직 이르다"며 거부감을 표하는 분도 많습니다. 그런 분에게는 젊고 건강할 때 미리 작성해야 하는 이유를 설명하고, "저도 쓸 테니 함께 적어요" 하고 제안해 봅시다. 친척이나 사는 곳 등 우선 이야깃거리로 삼기 좋은 항목을 골라 추억을 나누며 적어 나가면 술술 진행될 수도 있습니다. 재산에 관한 내용을 알리기 싫어한다면 비밀번호는 별도로 직접 관리하면 된다는 사실을 설명해 안심할 수 있도록 합시다.

A
가족이 하나씩 물어보며 적어 나갑시다.

"글씨를 작게 써야 하는 게 번거롭다" "노트를 만들기 위해 필요한 서류를 찾기 어렵다" "어떻게 적어야 할지 모르겠다" 등 이런 고민을 품은 어르신이 많습니다. 가족이 관련 서류를 찾는 일을 돕거나 부모님의 의사를 확인해 대신 작성할 수도 있습니다.

A 만일의 상황에 바로 도움이 됩니다.

지갑이나 스마트폰 분실, 사고나 질병으로 인한 긴급한 입원 등 예기치 못한 상황이 벌어졌을 때 이 노트에 적힌 정보들이 바로 도움이 됩니다. 긴급 연락처, 건강 정보, 자동이체와 같은 가계 재정에 관한 정보 등 다양한 분야의 정보들이 한 권에 정리되어 있으므로 편리하겠지요.

A 정보 갱신을 습관화 합시다.

어떤 정보가 변경되었다면 덧붙이거나 수정합니다. 돌봄이나 의료 관련 희망 사항, 소중한 사람에게 보내는 메시지 등 언제든 마음이 바뀔 수 있습니다. 아무 때나 자주 수정해도 되지만 생일이나 새해 등 정기적으로 날을 정해 수정할 것을 추천합니다.

A 라이프 플랜이나 머니 플랜을 점검할 계기가 될 수 있습니다.

예 · 적금 현황이나 자동이체 목록을 통해 파악할 수 있는 가계 재정 상황, 젊을 때는 좀처럼 와 닿지 않는 노후 자금이나 장례에 관한 이야기 등 이러한 내용들을 노트에 적는 과정이 라이프 플랜, 가계 재정, 교육 자금, 주택 자금, 노후 자금 등 머니 플랜을 점검하는 계기가 될 수 있습니다.

엔딩 노트
작성 요령

작성 방법에 특별한 규칙은 없습니다. 부담 없이 편안한 마음으로 다음 페이지(9쪽)의 '우선 이 순서대로 적어봅시다!'를 참고하여 적어 나갑시다. 수시로 수정해도 괜찮습니다. 중요한 정보로 가득 찬 이 노트는 귀중품과 다름없습니다. 소중하게 보관하고 신뢰할 수 있는 사람에게만 그 존재를 알려 주세요.

지울 수 있는 필기도구를 사용합시다

이 노트는 '지금'의 당신에 대한 정보나 생각을 기록하는 곳입니다. 내용이 변경되거나 마음이 바뀌었을 때는 몇 번이든 고쳐 쓰거나 보충합시다. 필기도구는 수정할 수 있는 연필이나 지워지는 펜을 사용하면 좋겠지요. 다만, 지워지는 펜은 열에 약하므로 주의해야 합니다. 평범한 볼펜으로 적는다면 고쳐 쓸 때는 수정 테이프를 사용합시다.

작성일은 잊지 않고 기록하고,
내용을 수정할 때는 작성일도 고쳐둡시다

언제 작성한 정보인지 알 수 있도록 반드시 작성한 날짜를 적어둡시다. 내용을 수정할 때는 작성일도 잊지 않고 수정해 둡시다. 빗금을 긋고 여백에 고쳐 써도 되고, 연필이나 지워지는 펜이라면 지우고 다시 써도 됩니다.

긴급 상황에 필요한
중요 사항부터 적어 나갑시다

순서대로 모두 적을 필요는 없습니다. 우선 다음 페이지(9쪽)를 참고하여 은행 계좌나 신용카드 정보, 중요한 연락처, 건강에 관한 정보, 의료나 돌봄에 관한 희망 사항 등 만일의 경우 가장 먼저 필요한 정보부터 적어 나갑시다.

비밀번호는 적지 않고
'중요 정보 메모 노트'로 관리합시다

비밀번호는 악용될 위험이 있으므로 절대로 이 노트에 적지 마세요. 가족 또는 신뢰할 수 있는 사람에게 구두로 전달하거나 이 책의 맨 뒤에 있는 '중요 정보 메모 노트'에 적어 엔딩 노트와는 별도로 안전한 장소에 보관합시다.

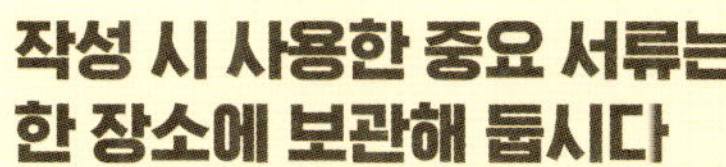

작성 시 사용한 중요 서류는 한 장소에 보관해 둡시다

작성 시 사용한 중요 서류(금융 기관이나 보험사에서 받은 우편물, 보험 증서, 공과금 고지서, 다양한 계약 관련 서류 등)는 하나의 서류 상자에 정리해 두면 편리할 뿐만 아니라 가족도 찾기 쉽겠지요. 특히 부동산 등기부등본(등기사항전부증명서)은 이 노트(56~57쪽)에 붙여둘 것을 권장합니다.

신뢰할 수 있는 사람에게만 노트의 존재를 알려주세요

소중한 정보를 기록한 이 노트는 귀중품과 마찬가지입니다. 눈에 띄지 않는 장소에 보관하고 보관 장소는 잘 기억하여 분실하지 않도록 주의합시다. 만일의 상황에 노트를 참고해 주기를 바라는 가족이나 신뢰할 수 있는 사람에게 노트의 존재와 보관 장소의 힌트를 전달해 두세요. 타인에게 보이고 싶지 않은 페이지는 테이프 등으로 붙여 봉인해 둡시다.

[면책 사항]
본 도서가 제공하는 정보나 내용을 이용함에 따라 생기는 손해 또는 문제에 대해 지은이·옮긴이·출판사는 어떠한 책임도 지지 않으므로 양해 바랍니다. 또한 법 개정 및 제도 개편 등에 따라 내용이 달라질 수 있습니다.

CONTENTS

부록 - 중요 정보 메모 노트

1

나의
기본 정보

만일의 상황에 가장 필요할 정도를 이 노트에 정리해 둡시다.
갑작스러운 상황에는 자기 스스로도 기억해 내지 못할 수 있으니
기본적인 정보도 빠짐없이 적어둡시다.

1 나의 기본 정보

- 현재 주소, 등록기준지, 전화번호, 메일 주소 등 본인의 기본 정보를 정리해 두면 만일의 경우 가족에게 큰 도움이 됩니다.
- 주민등록증, 운전면허증, 여권 등 중요한 공적증명서 정보를 적어둡시다. 분실 시에도 활용할 수 있습니다.

1 주소 · 등록기준지 등

갑작스러운 상황에는 자기 스스로도 기억해 내지 못할 수 있습니다. 정리해 두면 든든! 등록기준지를 모르겠다면 가족관계증명서를 확인해 주세요.

이름	영문명
생년월일	년　　　　월　　　　일
현주소	우)
등록기준지	
전화번호	－　　　－　　　FAX 번호　　　－　　　－

→ 계약 정보는 40쪽에

휴대전화 1	－　　　－　　　휴대전화 2　　　－　　　－
메일주소	@

→ 계약 정보는 32쪽에

출생 시부터 기록된 '가족관계증명서'를 준비해 두면 도움이 됩니다

상속인 확인 등 사후 절차에서는 고인의 출생부터 사망까지를 증명하는 가족관계증명서 및 기본증명서가 필요합니다. 생전에 가족관계증명서를 준비해 두면 가족의 부담을 줄일 수 있습니다. 관련 서류는 가까운 시 · 군 · 구청 및 행정복지센터의 민원실 또는 무인민원발급기나 '정부24' 홈페이지에서 발급받을 수 있습니다.

주민등록번호		주민등록증 보관 장소
자동차 운전면허증	면허번호	보관 장소
여권	여권번호	보관 장소
장기요양보험 수급 관련 서류	피보험자 번호	보관 장소
장기요양기관 계약서	번호	보관 장소
	번호	보관 장소
	번호	보관 장소
	번호	보관 장소
	번호	보관 장소
	번호	보관 장소
	번호	보관 장소
	번호	보관 장소
	번호	보관 장소

무인민원발급기에서 간편하게
민원서류를 발급받을 수 있습니다

주소지와 관계없이 인근 관공서 등에 설치된 무인민원발급기에서 지문 또는 모바일 신분증으로 간편하게 민원서류를 발급받을 수 있습니다. 다만 단말기별로 제공하는 민원서류의 종류에는 차이가 있으므로, 각 시·군·구청 홈페이지를 참고하시기를 바랍니다.

2 나의 건강 상태

- 알레르기, 지병, 상용약, 과거 질병 및 부상, 가족력 등을 기재해 두면 입원과 같은 갑작스러운 상황에 구급대나 의료 기관에서 참고할 수 있습니다.
- 특히 심각한 병에 걸린 적이 있다면 반드시 적어둡니다.
- 다니는 병원이나 약국, 돌봄 관련 사항은 18~19쪽에 자세히 적어둡시다.

1 신체 기본 정보

혈액형, 음식 및 약물 등의 알레르기는 생명과 직결되는 정보이므로 빠뜨리지 않고 기재합니다.

키		cm	몸무게		kg	혈액형		형 Rh (+ · −)
알레르기	☐ 있음 (　　　　　　　　　　　　　　　　　　　　　　　　　　　　　　　　　　) ☐ 없음　☐ 모르겠음							
구급대원이나 의료 기관에 전달하고 싶은 말								

2 지병과 상용약

앓고 있는 생활습관병과 만성질환, 복용 중인 약, 그 밖에 점안액, 점비제, 연고 등을 포함해 꼼꼼하게 기록해 주세요.

병명		약 이름		
약 보관 장소		병원 · 담당의	발병 시기	년경

병명		약 이름		
약 보관 장소		병원 · 담당의	발병 시기	년경

병명		약 이름		
약 보관 장소		병원 · 담당의	발병 시기	년경

병명		약 이름		
약 보관 장소		병원 · 담당의	발병 시기	년경

병명		약 이름		
약 보관 장소		병원 · 담당의	발병 시기	년경

과거에 경험한 심각한 질병 및 부상에 관한 정보는 갑작스러운 실신 또는 입원 시 의료 관계자에게 중요한 참고 자료가 됩니다. 또한 부모, 조부모, 형제, 부모의 형제, 사촌 등 혈연관계에 있는 사람들의 질병이나 사인死因(암, 뇌졸중, 순환기 질환 등)도 진단이나 치료에 참고할 수 있습니다. 그러니 가족에게 확인해 봅시다.

3 과거의 질병 및 부상
특히 입원이나 수술 등이 필요했던 기왕력은 반드시 메모해 둡시다.

병명		치료 시기	년경	병원·담당의	
비고					

병명		치료 시기	년경	병원·담당의	
비고					

병명		치료 시기	년경	병원·담당의	
비고					

병명		치료 시기	년경	병원·담당의	
비고					

병명		치료 시기	년경	병원·담당의	
비고					

병명		치료 시기	년경	병원·담당의	
비고					

4 가족 · 친인척의 병력
부모, 조부모, 형제, 부모의 형제, 사촌 등의 병력을 자세히 기재해 주세요.

3 중요한 연락처

- 무슨 일이 생겼을 때 바로 와주길 바라는 가족, 입원 시 연대보증인이 되어줄 사람 등의 연락처를 기입해 둡시다. 16~19쪽을 복사하여 가방에 가지고 다닐 것을 권장합니다.
- 다니는 병원의 담당의, 자주 가는 약국 등도 긴급 입원 등의 상황에 도움이 되는 정보입니다.
- 만일의 상황에 연락해야 하는 직장 및 소속 단체의 연락처와 돌봄 서비스를 받고 있다면 담당 사회복지사 등의 연락처도 적어둡시다.

1 긴급 상황에 연락해 주었으면 하는 사람

가장 먼저 연락해야 하는 가족이나 친인척 등의 연락처를 기재해 주세요. 확실하게 연락이 닿을 수 있도록 비고에는 직장 전화번호 등도 적어둡시다.

이름	영문명	호칭 · 연락처 등록명		관계	
휴대전화	– –	전화번호		– –	
메일 주소	@				
주소	우)				
비고					

이름	영문명	호칭 · 연락처 등록명		관계	
휴대전화	– –	전화번호		– –	
메일 주소	@				
주소	우)				
비고					

이름	영문명	호칭 · 연락처 등록명		관계	
휴대전화	– –	전화번호		– –	
메일 주소	@				
주소	우)				
비고					

직장 및 소속 단체 | 갑작스러운 입원이나 의식을 잃었을 때 상황 전달을 위해 기재해 주세요.

회사명 · 단체명			담당자	
전화번호	–	–	메일 주소	@
비고				

회사명 · 단체명			담당자	
전화번호	–	–	메일 주소	@
비고				

3

상담 중인 전문가 | 변호사, 법무사, 세무사 등 상담 중이거나 계약 관계에 있는 전문가가 있다면 기재해 주세요.

업체명			담당자	
전화번호	–	–	메일 주소	@
비고				

업체명			담당자	
전화번호	–	–	메일 주소	@
비고				

4

주거 등의 관리회사 · 관리조합 | 입원 등으로 장기 부재 혹은 해약 시 필요하니 기재해 주세요.

명칭			담당자	
전화번호	–	–	비고	

명칭			담당자	
전화번호	–	–	비고	

MEMO

5 **다니는 병원 , 방문 진료의 , 방문 간호사 등** | 지병으로 진료받는 담당의 등의 연락처를 기재해 주세요.

병원명 · 업체명		진료과			
담당의 · 담당자		전화번호		—	—

병원명 · 업체명		진료과			
담당의 · 담당자		전화번호		—	—

병원명 · 업체명		진료과			
담당의 · 담당자		전화번호		—	—

병원명 · 업체명		진료과			
담당의 · 담당자		전화번호		—	—

병원명 · 업체명		진료과			
담당의 · 담당자		전화번호		—	—

병원명 · 업체명		진료과			
담당의 · 담당자		전화번호		—	—

6 **자주 이용하는 약국** | 처방약을 관리하는 지정 약국이나 자주 이용하는 약국을 기재해 주세요.

약국 이름				
주소	우)	전화번호	—	—

만일의 상황을 대비해 '복지위기알림' 앱을 설치하는 등 지금 당장 노후 준비를 시작합시다

'복지위기알림' 앱은 복지 위기 상황에 놓인 국민을 돕기 위해 보건복지부가 운영하는 복지 지원 서비스 신청 앱입니다. 어려움이 생겼을 때 앱에서 해당 상황을 간단히 선택하기만 하면 손쉽게 도움을 요청할 수 있습니다. 생계, 일상생활, 돌봄, 의료, 안전 등 다양한 영역에서 필요한 지원을 받을 수 있으며 나뿐만 아니라 이웃이 어려움에 처했을 때 대신 도움을 요청해 줄 수도 있습니다.

또한 기대수명이 늘어나면서 은퇴 후의 시간이 더욱 길어졌습니다. '노후준비지원센터'는 재무, 건강, 여가, 대인관계 등 다양한 분야에 대한 진단 · 상담 · 교육과 관계 기관 연계를 통해 모든 국민이 걱정 없는 노후를 준비할 수 있도록 돕고 있습니다. 이제 노후 준비는 은퇴를 앞둔 장년층만의 과제가 아닙니다. 지금 바로 가까운 '노후준비지원센터(국민연금공단 지사)'를 방문해 노후 준비 서비스를 받아보세요.

7 돌봄 관계자

담당 사회복지사의 정보는 반드시 기재해야 합니다. 입원 시에 연락이 필요한 방문요양 서비스, 주야간 보호 기관 등의 정보도 메모해 주세요.

사회복지사

이름			
휴대전화	— —	메일 주소	@
기관명		기관 전화번호	— —

주야간 보호 시설, 방문 서비스, 복지용구 대여 : 주야간 보호, 방문 요양 등

시설명		담당자	
전화번호	— —	이용 중인 서비스	
시설명		담당자	
전화번호	. — —	이용 중인 서비스	
시설명		담당자	
전화번호	— —	이용 중인 서비스	
시설명		담당자	
전화번호	— —	이용 중인 서비스	
시설명		담당자	
전화번호	— —	이용 중인 서비스	

교통약자 특별교통수단(장애인·교통약자) 콜택시

기관 · 부서명		담당자	
전화번호	— —	이용 중인 서비스	

자택에서 사망했을 시 행동 요령

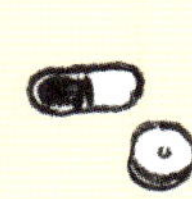

가족이 자택에서 사망한 경우, 지병으로 인한 사망 시에는 평소 다니던 병원이나 장례업체 등에 연락합니다. 그러나 갑작스러운 사망이나 사고로 인한 사망 시에는 경찰에 연락하여 사인을 명확히 확인하여야 합니다. 병원이나 장례식장으로 이송 후 검안의가 시체검안서(사망진단서와 동일한 효력)를 작성합니다. 시체검안서는 각종 절차에 활용되므로 5장 이상 넉넉히 발급받아 두는 편이 좋고, 사망신고 후에는 화장장을 이용할 수 없으므로 사망신고는 반드시 장례를 마친 후에 해야 합니다.

4 가족·친족표

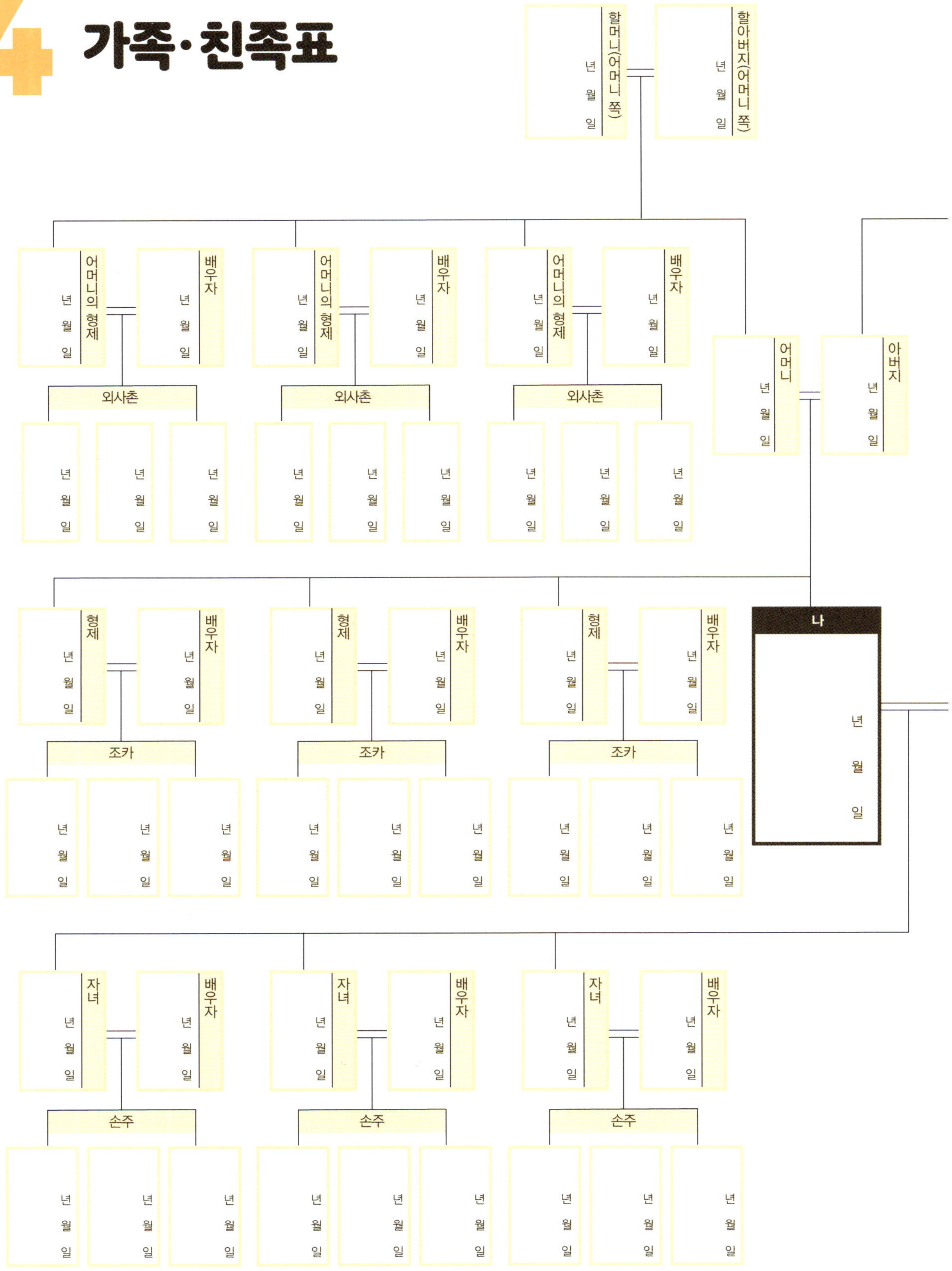

할머니(어머니 쪽)　년　월　일

할아버지(어머니 쪽)　년　월　일

어머니의 형제　년　월　일

배우자　년　월　일

외사촌　년　월　일／년　월　일／년　월　일

어머니의 형제　년　월　일

배우자　년　월　일

외사촌　년　월　일／년　월　일／년　월　일

어머니의 형제　년　월　일

배우자　년　월　일

외사촌　년　월　일／년　월　일／년　월　일

어머니　년　월　일

아버지　년　월　일

형제　년　월　일

배우자　년　월　일

조카　년　월　일／년　월　일／년　월　일

형제　년　월　일

배우자　년　월　일

조카　년　월　일／년　월　일／년　월　일

형제　년　월　일

배우자　년　월　일

조카　년　월　일／년　월　일／년　월　일

나　년　월　일

자녀　년　월　일

배우자　년　월　일

손주　년　월　일／년　월　일／년　월　일

자녀　년　월　일

배우자　년　월　일

손주　년　월　일／년　월　일／년　월　일

자녀　년　월　일

배우자　년　월　일

손주　년　월　일／년　월　일／년　월　일

■ 의외로 정확히 모르는 부분이 많은 친족 관계이므로 표에 기재해 두면
상속 절차에도 도움이 됩니다(법정상속인에 관한 사항은 88쪽 참고).
■ 칸이 부족하다면 여백에 적어주세요.

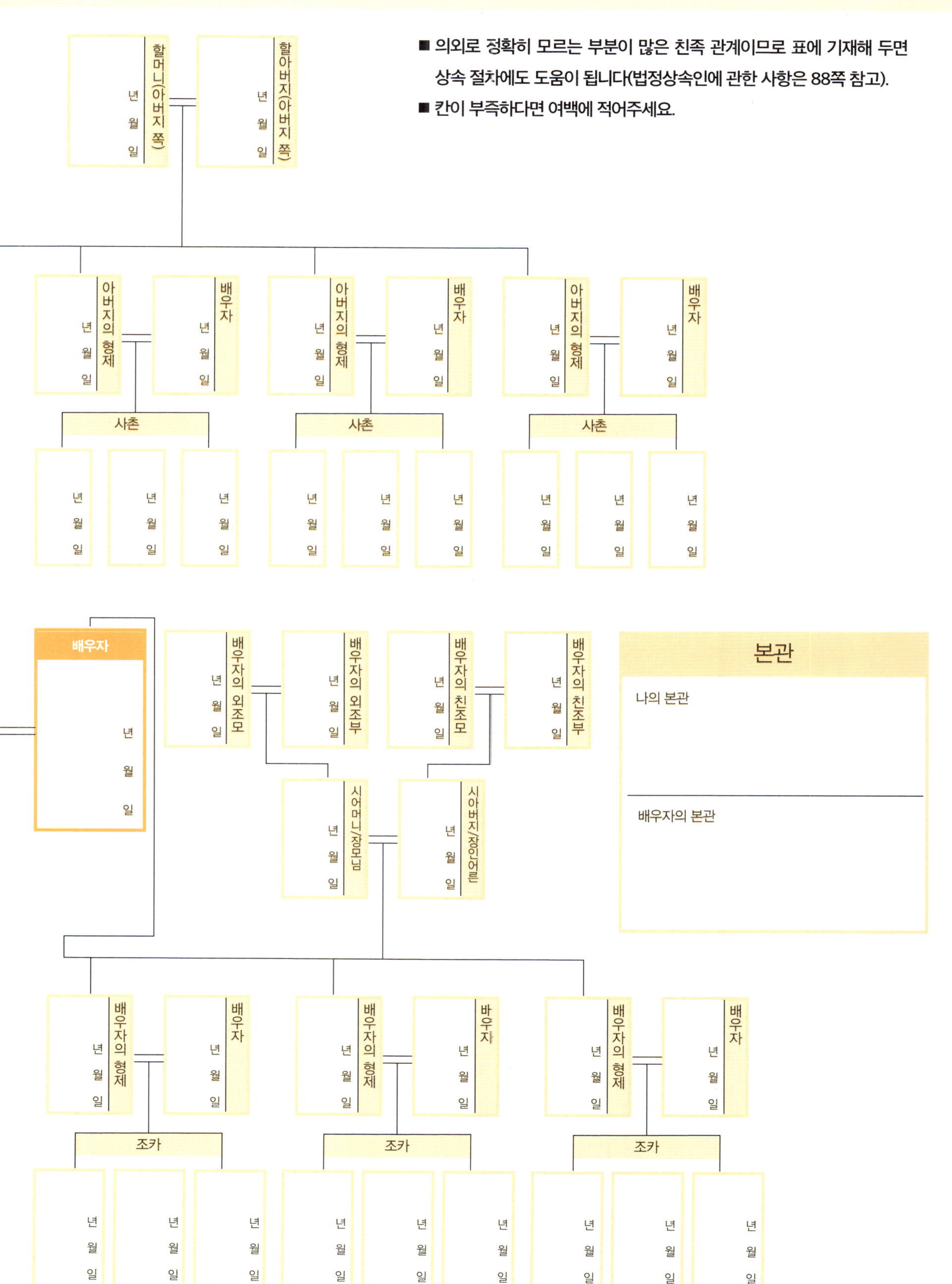

5 가족·친인척의 연락처

■ 가족·친인척의 휴대전화 번호, 주소는 반드시 적어 둡시다. 휴대전화를 잃어버렸을 때나 긴급한 상황에 도움이
   됩니다. 직장이나 학교의 연락처도 비고란에 적어두면 더욱더 안심이 되겠지요.
■ 친인척과의 관계를 적어두면 면식이 없는 경우 상대를 식별하는 힌트가 됩니다. '사촌(OO 삼촌의 장남)' 등
   구체적으로 적어둡시다.
■ 주소록을 휴대전화, 컴퓨터, 이동식 저장장치(USB 혹은 SD카드) 등 데이터로 관리하고 있다면 인쇄하여
   이 노트에 붙여두면 좋겠지요.

이름	영문명	관계	
휴대전화	— —	메일 주소	@
전화번호	— —		
주소	우)		
연락 시점	☐ 입원 시 ☐ 위독할 때 ☐ 장례 시 ☐ 사후 정리를 마친 뒤 ☐ 기타 ( )		
비고			

이름	영문명	관계	
휴대전화	— —	메일 주소	@
전화번호	— —		
주소	우)		
연락 시점	☐ 입원 시 ☐ 위독할 때 ☐ 장례 시 ☐ 사후 정리를 마친 뒤 ☐ 기타 ( )		
비고			

이름	영문명	관계	
휴대전화	— —	메일 주소	@
전화번호	— —		
주소	우)		
연락 시점	☐ 입원 시 ☐ 위독할 때 ☐ 장례 시 ☐ 사후 정리를 마친 뒤 ☐ 기타 ( )		
비고			

이름	영문명	관계	
휴대전화	— —	메일 주소	@
전화번호	— —		
주소	우)		
연락 시점	☐ 입원 시 ☐ 위독할 때 ☐ 장례 시 ☐ 사후 정리를 마친 뒤 ☐ 기타 ( )		
비고			

작성일	/	년	월	일

이름	영문명		관계	
휴대전화	− −		메일 주소	@
전화번호	− −			
주소	우)			
연락 시점	☐ 입원 시 ☐ 위독할 때 ☐ 장례 시 ☐ 사후 정리를 마친 뒤 ☐ 기타 ( )			
비고				

이름	영문명		관계	
휴대전화	− −		메일 주소	@
전화번호	− −			
주소	우)			
연락 시점	☐ 입원 시 ☐ 위독할 때 ☐ 장례 시 ☐ 사후 정리를 마친 뒤 ☐ 기타 ( )			
비고				

이름	영문명		관계	
휴대전화	− −		메일 주소	@
전화번호	− −			
주소	우)			
연락 시점	☐ 입원 시 ☐ 위독할 때 ☐ 장례 시 ☐ 사후 정리를 마친 뒤 ☐ 기타 ( )			
비고				

이름	영문명		관계	
휴대전화	− −		메일 주소	@
전화번호	− −			
주소	우)			
연락 시점	☐ 입원 시 ☐ 위독할 때 ☐ 장례 시 ☐ 사후 정리를 마친 뒤 ☐ 기타 ( )			
비고				

이름	영문명		관계	
휴대전화	− −		메일 주소	@
전화번호	− −			
주소	우)			
연락 시점	☐ 입원 시 ☐ 위독할 때 ☐ 장례 시 ☐ 사후 정리를 마친 뒤 ☐ 기타 ( )			
비고				

이름	영문명		관계	
휴대전화	—	—	메일 주소	@
전화번호	—	—		
주소	우)			
연락 시점	☐ 입원 시 ☐ 위독할 때 ☐ 장례 시 ☐ 사후 정리를 마친 뒤 ☐ 기타 (			)
비고				

이름	영문명		관계	
휴대전화	—	—	메일 주소	@
전화번호	—	—		
주소	우)			
연락 시점	☐ 입원 시 ☐ 위독할 때 ☐ 장례 시 ☐ 사후 정리를 마친 뒤 ☐ 기타 (			)
비고				

이름	영문명		관계	
휴대전화	—	—	메일 주소	@
전화번호	—	—		
주소	우)			
연락 시점	☐ 입원 시 ☐ 위독할 때 ☐ 장례 시 ☐ 사후 정리를 마친 뒤 ☐ 기타 (			)
비고				

이름	영문명		관계	
휴대전화	—	—	메일 주소	@
전화번호	—	—		
주소	우)			
연락 시점	☐ 입원 시 ☐ 위독할 때 ☐ 장례 시 ☐ 사후 정리를 마친 뒤 ☐ 기타 (			)
비고				

이름	영문명		관계	
휴대전화	—	—	메일 주소	@
전화번호	—	—		
주소	우)			
연락 시점	☐ 입원 시 ☐ 위독할 때 ☐ 장례 시 ☐ 사후 정리를 마친 뒤 ☐ 기타 (			)
비고				

이름	영문명		관계	
휴대전화	－ －		메일 주소	@
전화번호	－ －			
주소	우)			
연락 시점	☐ 입원 시 ☐ 위독할 때 ☐ 장례 시 ☐ 사후 정리를 마친 뒤 ☐ 기타 ( )			
비고				

이름	영문명		관계	
휴대전화	－ －		메일 주소	@
전화번호	－ －			
주소	우)			
연락 시점	☐ 입원 시 ☐ 위독할 때 ☐ 장례 시 ☐ 사후 정리를 마친 뒤 ☐ 기타 ( )			
비고				

이름	영문명		관계	
휴대전화	－ －		메일 주소	@
전화번호	－ －			
주소	우)			
연락 시점	☐ 입원 시 ☐ 위독할 때 ☐ 장례 시 ☐ 사후 정리를 마친 뒤 ☐ 기타 ( )			
비고				

이름	영문명		관계	
휴대전화	－ －		메일 주소	@
전화번호	－ －			
주소	우)			
연락 시점	☐ 입원 시 ☐ 위독할 때 ☐ 장례 시 ☐ 사후 정리를 마친 뒤 ☐ 기타 ( )			
비고				

이름	영문명		관계	
휴대전화	－ －		메일 주소	@
전화번호	－ －			
주소	우)			
연락 시점	☐ 입원 시 ☐ 위독할 때 ☐ 장례 시 ☐ 사후 정리를 마친 뒤 ☐ 기타 ( )			
비고				

 6 친구·지인의 연락처

- 친구·지인의 연락처는 가족이 모르는 경우가 많으므로, 무슨 일이 생겼을 때 연락할 수 있도록 정리해 둡시다.
- '관계'란에는 '중학교 시절 친구, 매년 1회 정도는 만남' '테니스부 부원' 등과 같이 구체적으로 적어둡시다.
- 주소록을 휴대전화, 컴퓨터, 이동식 저장장치(USB 혹은 SD카드) 등 데이터로 관리하고 있다면 인쇄하여 이 노트에 붙여두면 좋겠지요.

이름	영문명	관계	
휴대전화	— —	메일 주소	@
전화번호	— —		
주소	우)		
연락 시점	☐ 입원 시 ☐ 위독할 때 ☐ 장례 시 ☐ 사후 정리를 마친 뒤 ☐ 기타 (		)
비고			

이름	영문명	관계	
휴대전화	— —	메일 주소	@
전화번호	— —		
주소	우)		
연락 시점	☐ 입원 시 ☐ 위독할 때 ☐ 장례 시 ☐ 사후 정리를 마친 뒤 ☐ 기타 (		)
비고			

이름	영문명	관계	
휴대전화	— —	메일 주소	@
전화번호	— —		
주소	우)		
연락 시점	☐ 입원 시 ☐ 위독할 때 ☐ 장례 시 ☐ 사후 정리를 마친 뒤 ☐ 기타 (		)
비고			

이름	영문명	관계	
휴대전화	— —	메일 주소	@
전화번호	— —		
주소	우)		
연락 시점	☐ 입원 시 ☐ 위독할 때 ☐ 장례 시 ☐ 사후 정리를 마친 뒤 ☐ 기타 (		)
비고			

이름	영문명	관계	
휴대전화	－ －	데일 주소	@
전화번호	－ －		
주소	우)		
연락 시점	☐ 입원 시　☐ 위독할 때　☐ 장례 시　☐ 사후 정리를 마친 뒤　☐ 기타 ( )		
비고			

이름	영문명	관계	
휴대전화	－ －	데일 주소	@
전화번호	－ －		
주소	우)		
연락 시점	☐ 입원 시　☐ 위독할 때　☐ 장례 시　☐ 사후 정리를 마친 뒤　☐ 기타 ( )		
비고			

이름	영문명	관계	
휴대전화	－ －	메일 주소	@
전화번호	－ －		
주소	우)		
연락 시점	☐ 입원 시　☐ 위독할 때　☐ 장례 시　☐ 사후 정리를 마친 뒤　☐ 기타 ( )		
비고			

이름	영문명	관계	
휴대전화	－ －	메일 주소	@
전화번호	－ －		
주소	우)		
연락 시점	☐ 입원 시　☐ 위독할 때　☐ 장례 시　☐ 사후 정리를 마친 뒤　☐ 기타 ( )		
비고			

이름	영문명	관계	
휴대전화	－ －	메일 주소	@
전화번호	－ －		
주소	우)		
연락 시점	☐ 입원 시　☐ 위독할 때　☐ 장례 시　☐ 사후 정리를 마친 뒤　☐ 기타 ( )		
비고			

이름	영문명 	관계	
휴대전화	— —	메일 주소	@
전화번호	— —		
주소	우)		
연락 시점	☐ 입원 시 ☐ 위독할 때 ☐ 장례 시 ☐ 사후 정리를 마친 뒤 ☐ 기타 ( )		
비고			

이름	영문명 	관계	
휴대전화	— —	메일 주소	@
전화번호	— —		
주소	우)		
연락 시점	☐ 입원 시 ☐ 위독할 때 ☐ 장례 시 ☐ 사후 정리를 마친 뒤 ☐ 기타 ( )		
비고			

이름	영문명 	관계	
휴대전화	— —	메일 주소	@
전화번호	— —		
주소	우)		
연락 시점	☐ 입원 시 ☐ 위독할 때 ☐ 장례 시 ☐ 사후 정리를 마친 뒤 ☐ 기타 ( )		
비고			

이름	영문명 	관계	
휴대전화	— —	메일 주소	@
전화번호	— —		
주소	우)		
연락 시점	☐ 입원 시 ☐ 위독할 때 ☐ 장례 시 ☐ 사후 정리를 마친 뒤 ☐ 기타 ( )		
비고			

이름	영문명 	관계	
휴대전화	— —	메일 주소	@
전화번호	— —		
주소	우)		
연락 시점	☐ 입원 시 ☐ 위독할 때 ☐ 장례 시 ☐ 사후 정리를 마친 뒤 ☐ 기타 ( )		
비고			

이름	영문명		관계	
휴대전화	－ －		메일 주소	@
전화번호	－ －			
주소	우)			
연락 시점	☐ 입원 시　☐ 위독할 때　☐ 장례 시　☐ 사후 정리를 마친 뒤　☐ 기타 (　　　　　)			
비고				

이름	영문명		관계	
휴대전화	－ －		메일 주소	@
전화번호	－ －			
주소	우)			
연락 시점	☐ 입원 시　☐ 위독할 때　☐ 장례 시　☐ 사후 정리를 마친 뒤　☐ 기타 (　　　　　)			
비고				

이름	영문명		관계	
휴대전화	－ －		데일 주소	@
전화번호	－ －			
주소	우)			
연락 시점	☐ 입원 시　☐ 위독할 때　☐ 장례 시　☐ 사후 정리를 마친 뒤　☐ 기타 (　　　　　)			
비고				

이름	영문명		관계	
휴대전화	－ －		메일 주소	@
전화번호	－ －			
주소	우)			
연락 시점	☐ 입원 시　☐ 위독할 때　☐ 장례 시　☐ 사후 정리를 마친 뒤　☐ 기타 (　　　　　)			
비고				

이름	영문명		관계	
휴대전화	－ －		메일 주소	@
전화번호	－ －			
주소	우)			
연락 시점	☐ 입원 시　☐ 위독할 때　☐ 장례 시　☐ 사후 정리를 마친 뒤　☐ 기타 (　　　　　)			
비고				

MEMO

2

통신·
공과금 정보

요즘 같은 정보화 시대에 스마트폰이나 컴퓨터 등
통신과 관련된 정보는 무척 중요하지요.
일상생활에 필수적인 생활 기반 시설인 전기·가스·상하수도·통신 등의
공과금 역시 잊어서는 안 되는 정보이므로 관련 내용을 확실히 적어둡시다.

7 휴대전화·컴퓨터 정보

- 휴대전화나 컴퓨터의 내부 데이터는 만일의 상황에 중요한 정보가 될 수 있습니다.
- 잠금이 걸려 있으면 데이터를 확인하지 못해 필요한 절차를 진행하지 못할 수도 있으므로 비밀번호나 PIN 코드는 긴급한 상황에 가족이 알 수 있도록 해둡시다.
- 비밀번호나 PIN 코드는 중요한 개인정보이므로 중요 정보 메모 노트에 적어두고, 중요 정보 메모 노트는 이 엔딩 노트와는 별도로 관리합시다.

1 피처폰·스마트폰·태블릿

잠금 해제가 어려운 피처폰·스마트폰·태블릿 등의 비밀번호는 신뢰할 수 있는 사람에게 알려주거나 메모 노트를 활용합시다.

형태	☐ 피처폰　　☐ 스마트폰　　☐ 태블릿		
전화번호	－　　－	등록된 메일 주소	@
통신사		명의자	
홈페이지 ID		고객센터 전화번호	－　　－

형태	☐ 피처폰　　☐ 스마트폰　　☐ 태블릿		
전화번호	－　　－	등록된 메일 주소	@
통신사		명의자	
홈페이지 ID		고객센터 전화번호	－　　－

형태	☐ 피처폰　　☐ 스마트폰　　☐ 태블릿		
전화번호	－　　－	등록된 메일 주소	@
통신사		명의자	
홈페이지 ID		고객센터 전화번호	－　　－

2 컴퓨터

잠금 해제 비밀번호나 PIN 코드는 절취식 메모 노트에 기록하고, 비상시에 확인할 사람에게 알려준 후 비고란에 그 이름을 기재해 주세요.

제조사		기종	
유저명·로그인 ID			
비고			

제조사		기종	
유저명·로그인 ID			
비고			

3　메일 주소

Naver, Daum, Gmail, Outlook 메일 등 모든 메일 주소의 목록을 작성해 주세요. 전화번호나 복구용 메일 주소도 등록해 두었다면 기입해 둡시다.

메일 주소	@	주 용도	
복구용 메일 주소	@	비고	

메일 주소	@	주 용도	
복구용 메일 주소	@	비고	

메일 주소	@	주 용도	
복구용 메일 주소	@	비고	

메일 주소	@	주 용도	
복구용 메일 주소	@	비고	

4　카카오톡 등 메신저 앱

카카오톡, 라인, 페이스북 메신저, 인스타그램 DM, WhatsAPP 등도 써 두세요.

앱 이름		주 용도	
로그인 ID · 프로필명		비고	

앱 이름		주 용도	
로그인 ID · 프로필명		비고	

앱 이름		주 용도	
로그인 ID · 프로필명		비고	

MEMO

8 웹사이트·구독·
온라인 쇼핑몰 등의 가입 정보

■ 가입된 쇼핑몰, 정액제로 구독 중인 OTT 혹은 동영상 스트리밍 서비스, 중고 거래나 건강식품 정기 구매 사이트 등의 가입 정보를 기재합니다. 엔딩 노트의 다른 페이지와 중복되더라도 목록을 정리해 두고 비밀 번호는 중요 정보 메모 노트에 적어두세요.

■ 특히 요금이 자동으로 결제되거나 거래·수익금이 발생하는 중고 거래 앱 등 '중요한 항목'에는 ◎와 같이 표시를 해두면 좋겠지요.

■ 홈쇼핑이나 건강식품 정기 구매 정보 등도 기재합니다.

■ 남은 가족이 해지 절차로 번거롭지 않도록 불필요한 계약은 미리 해지해 정리합시다.

이런 정보를 메모해 둡시다

SNS·콘텐츠 플랫폼·블로그

X(구 트위터), 페이스북, 유튜브, 라인, 네이버 블로그, 브런치, 워드프레스 등. 사용하지 않고 방치할 경우 계정 해킹의 위험이 있어요.

중고 거래 앱·사이트

중고나라, 번개장터, 당근 등. 거래, 이용료, 수익금이 발생하는 앱은 빠뜨리지 않고 기재해 주세요.

온라인 쇼핑몰·쇼핑몰 개설 서비스·제휴 광고

직접 운영 중인 온라인 쇼핑몰, 온라인 쇼핑몰 개설 서비스를 통한 스마트 스토어. 수익이 발생하는 제휴 광고도 포함해 주세요.

통합 로그인 계정

네이버, 구글, 애플, 마이크로소프트 등. 주로 사용하는 메일 주소와 동일하더라도 생략하지 않고 복구용 메일 주소까지 함께 기재해 주세요.

간편결제·전자 지갑 서비스

삼성페이, 카카오페이, 네이버페이, 모바일 티머니 등. 연결된 은행 계좌나 신용카드 정보도 기재해 주세요.

온라인 쇼핑몰·홈쇼핑

아마존, 쿠팡, 네이버 쇼핑, 현대H몰, 롯데홈쇼핑, CJ온스타일, GS샵 등. 건강식품, 화장품 등 정기 구매 정보는 잊지 않고 기재해 주세요.

동영상·음악·신문 등 콘텐츠 구독

넷플릭스와 같은 OTT, 애플뮤직, 게임, 신문, 잡지 등 구독 서비스. 구독 중인 서비스의 결제 금액과 자동이체 계좌도 기재해 주세요.

소프트웨어·클라우드 서비스

PC 오피스 소프트웨어, 보안 소프트웨어, 클라우드 저장소 등. 1년에서 수년 주기로 자동 갱신 및 결제되므로 주의해야 합니다.

교통 관련 사이트

코레일 홈페이지, 항공사 마일리지 서비스 등. 대한항공 및 아시아나항공 마일리지는 일정 조건을 충족하면 가족 간 양도·합산이 가능해요.

렌탈 서비스

가전, 청소용품, 정수기, 복지용구, 보관창고 임대, 대여 금고 등 이용 중인 렌탈 서비스가 있다면 기재해 주세요.

그 밖의 각종 회원 서비스

티켓 예매 사이트, 맛집 예약 앱, 여행사, 자동차 제조사 회원 서비스, 돌봄 서비스 계약 등. 유료 서비스는 잊지 않고 기재해 주세요.

금융 기관·보험사

→ 'CHAPTER 3. 나의 돈과 재산'에 자세하게 적어둡시다!

1　SNS · 콘텐츠 플랫폼 · 블로그

회원으로 가입된 사이트는 모두 기재해 주세요.
사망 후 계정 정리 방법은 91쪽을 참조해 주세요.

명칭		주 용도	
로그인 ID · 닉네임		이용료 / 주기	원 / 　　　개월
이용료 · 수익	☐ 이용료 없음　☐ 이용료 있음 ☐ 거래 및 수익 있음	이체 계좌 등	

명칭		주 용도	
로그인 ID · 닉네임		이용료 / 주기	원 / 　　　개월
이용료 · 수익	☐ 이용료 없음　☐ 이용료 있음 ☐ 거래 및 수익 있음	이체 계좌 등	

명칭		주 용도	
로그인 ID · 닉네임		이용료 / 주기	원 / 　　　개월
이용료 · 수익	☐ 이용료 없음　☐ 이용료 있음 ☐ 거래 및 수익 있음	이체 계좌 등	

명칭		주 용도	
로그인 ID · 닉네임		이용료 / 주기	원 / 　　　개월
이용료 · 수익	☐ 이용료 없음　☐ 이용료 있음 ☐ 거래 및 수익 있음	이체 계좌 등	

명칭		주 용도	
로그인 ID · 닉네임		이용료 / 주기	원 / 　　　개월
이용료 · 수익	☐ 이용료 없음　☐ 이용료 있음 ☐ 거래 및 수익 있음	이체 계좌 등	

2　중고 거래 앱 · 사이트

명칭		주 용도	
로그인 ID · 닉네임		이용료 / 주기	원 / 　　　개월
이용료 · 수익	☐ 이용료 없음　☐ 이용료 있음 ☐ 거래 및 수익 있음	이체 계좌 등	

명칭		주 용도	
로그인 ID · 닉네임		이용료 / 주기	원 / 　　　개월
이용료 · 수익	☐ 이용료 없음　☐ 이용료 있음 ☐ 거래 및 수익 있음	이체 계좌 등	

명칭		주 용도		
로그인 ID · 닉네임		이용료 / 주기	원 /	개월
이용료 · 수익	☐ 이용료 없음　☐ 이용료 있음 ☐ 거래 및 수익 있음	이체 계좌 등		

명칭		주 용도		
로그인 ID · 닉네임		이용료 / 주기	원 /	개월
이용료 · 수익	☐ 이용료 없음　☐ 이용료 있음 ☐ 거래 및 수익 있음	이체 계좌 등		

명칭		주 용도		
로그인 ID · 닉네임		이용료 / 주기	원 /	개월
이용료 · 수익	☐ 이용료 없음　☐ 이용료 있음 ☐ 거래 및 수익 있음	이체 계좌 등		

명칭		주 용도		
로그인 ID · 닉네임		이용료 / 주기	원 /	개월
이용료 · 수익	☐ 이용료 없음　☐ 이용료 있음 ☐ 거래 및 수익 있음	이체 계좌 등		

명칭		주 용도		
로그인 ID · 닉네임		이용료 / 주기	원 /	개월
이용료 · 수익	☐ 이용료 없음　☐ 이용료 있음 ☐ 거래 및 수익 있음	이체 계좌 등		

명칭		주 용도		
로그인 ID · 닉네임		이용료 / 주기	원 /	개월
이용료 · 수익	☐ 이용료 없음　☐ 이용료 있음 ☐ 거래 및 수익 있음	이체 계좌 등		

명칭		주 용도		
로그인 ID · 닉네임		이용료 / 주기	원 /	개월
이용료 · 수익	☐ 이용료 없음　☐ 이용료 있음 ☐ 거래 및 수익 있음	이체 계좌 등		

명칭		주 용도		
로그인 ID · 닉네임		이용료 / 주기	원 /	개월
이용료 · 수익	☐ 이용료 없음　☐ 이용료 있음 ☐ 거래 및 수익 있음	이체 계좌 등		

명칭		주 용도	
로그인 ID · 닉네임		이용료 / 주기	원 /　　　개월
이용료 · 수익	☐ 이용료 없음　☐ 이용료 있음 ☐ 거래 및 수익 있음	이체 계좌 등	

명칭		주 용도	
로그인 ID · 닉네임		이용료 / 주기	원 /　　　개월
이용료 · 수익	☐ 이용료 없음　☐ 이용료 있음 ☐ 거래 및 수익 있음	이체 계좌 등	

명칭		주 용도	
로그인 ID · 닉네임		이용료 / 주기	원 /　　　개월
이용료 · 수익	☐ 이용료 없음　☐ 이용료 있음 ☐ 거래 및 수익 있음	이체 계좌 등	

명칭		주 용도	
로그인 ID · 닉네임		이용료 / 주기	원 /　　　개월
이용료 · 수익	☐ 이용료 없음　☐ 이용료 있음 ☐ 거래 및 수익 있음	이체 계좌 등	

명칭		주 용도	
로그인 ID · 닉네임		이용료 / 주기	원 /　　　개월
이용료 · 수익	☐ 이용료 없음　☐ 이용료 있음 ☐ 거래 및 수익 있음	이체 계좌 등	

명칭		주 용도	
로그인 ID · 닉네임		이용료 / 주기	원 /　　　개월
이용료 · 수익	☐ 이용료 없음　☐ 이용료 있음 ☐ 거래 및 수익 있음	이체 계좌 등	

명칭		주 용도	
로그인 ID · 닉네임		이용료 / 주기	원 /　　　개월
이용료 · 수익	☐ 이용료 없음　☐ 이용료 있음 ☐ 거래 및 수익 있음	이체 계좌 등	

명칭		주 용도	
로그인 ID · 닉네임		이용료 / 주기	원 /　　　개월
이용료 · 수익	☐ 이용료 없음　☐ 이용료 있음 ☐ 거래 및 수익 있음	이체 계좌 등	

명칭		주 용도		
로그인 ID · 닉네임		이용료 / 주기	원 /	개월
이용료 · 수익	☐ 이용료 없음　☐ 이용료 있음 ☐ 거래 및 수익 있음	이체 계좌 등		

명칭		주 용도		
로그인 ID · 닉네임		이용료 / 주기	원 /	개월
이용료 · 수익	☐ 이용료 없음　☐ 이용료 있음 ☐ 거래 및 수익 있음	이체 계좌 등		

명칭		주 용도		
로그인 ID · 닉네임		이용료 / 주기	원 /	개월
이용료 · 수익	☐ 이용료 없음　☐ 이용료 있음 ☐ 거래 및 수익 있음	이체 계좌 등		

명칭		주 용도		
로그인 ID · 닉네임		이용료 / 주기	원 /	개월
이용료 · 수익	☐ 이용료 없음　☐ 이용료 있음 ☐ 거래 및 수익 있음	이체 계좌 등		

명칭		주 용도		
로그인 ID · 닉네임		이용료 / 주기	원 /	개월
이용료 · 수익	☐ 이용료 없음　☐ 이용료 있음 ☐ 거래 및 수익 있음	이체 계좌 등		

명칭		주 용도		
로그인 ID · 닉네임		이용료 / 주기	원 /	개월
이용료 · 수익	☐ 이용료 없음　☐ 이용료 있음 ☐ 거래 및 수익 있음	이체 계좌 등		

명칭		주 용도		
로그인 ID · 닉네임		이용료 / 주기	원 /	개월
이용료 · 수익	☐ 이용료 없음　☐ 이용료 있음 ☐ 거래 및 수익 있음	이체 계좌 등		

명칭		주 용도		
로그인 ID · 닉네임		이용료 / 주기	원 /	개월
이용료 · 수익	☐ 이용료 없음　☐ 이용료 있음 ☐ 거래 및 수익 있음	이체 계좌 등		

명칭		주 용도	
로그인 ID · 닉네임		이용료 / 주기	원 / 　　개월
이용료 · 수익	☐ 이용료 없음　☐ 이용료 있음 ☐ 거래 및 수익 있음	이체 계좌 등	

명칭		주 용도	
로그인 ID · 닉네임		이용료 / 주기	원 / 　　개월
이용료 · 수익	☐ 이용료 없음　☐ 이용료 있음 ☐ 거래 및 수익 있음	이체 계좌 등	

명칭		주 용도	
로그인 ID · 닉네임		이용료 / 주기	원 / 　　개월
이용료 · 수익	☐ 이용료 없음　☐ 이용료 있음 ☐ 거래 및 수익 있음	이체 계좌 등	

명칭		주 용도	
로그인 ID · 닉네임		이용료 / 주기	원 / 　　개월
이용료 · 수익	☐ 이용료 없음　☐ 이용료 있음 ☐ 거래 및 수익 있음	이체 계좌 등	

명칭		주 용도	
로그인 ID · 닉네임		이용료 / 주기	원 / 　　개월
이용료 · 수익	☐ 이용료 없음　☐ 이용료 있음 ☐ 거래 및 수익 있음	이체 계좌 등	

명칭		주 용도	
로그인 ID · 닉네임		이용료 / 주기	원 / 　　개월
이용료 · 수익	☐ 이용료 없음　☐ 이용료 있음 ☐ 거래 및 수익 있음	이체 계좌 등	

MEMO

 9 유선전화 · 인터넷 · 텔레비전 계약 정보

■ 요즘은 전화나 텔레비전도 업체가 다양합니다. 그러므로 계약 정보가 중요하지요.

■ 인터넷 관련 계약은 고객센터 전화번호뿐만 아니라 동일 업체에서 계약한 결합상품 또는 AI 상품 등의 추가 서비스도 적어둡시다.

■ 업체 사이트(마이페이지, 멤버십 앱 등)에 로그인할 때 사용하는 홈페이지 ID는 전부 기입해 둡시다. 또한 계약서를 보관하고 있는 장소가 따로 있다면 그 장소 역시 기입해 주세요.

■ 라우터(모뎀, 공유기 등)를 렌탈하여 사용하고 있다면 라우터를 둔 장소도 적어둡시다.

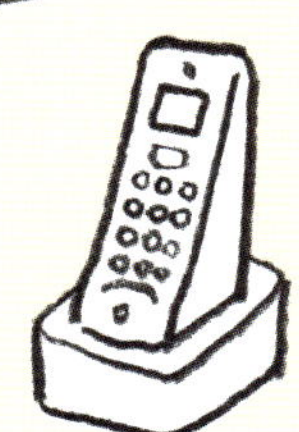

1 유선전화 · FAX
계약한 곳의 정보를 꼼꼼하게 기입해 주세요.

전화번호	– –	FAX 번호	– –
통신사명		연락처	– –
계약서 보관 장소		홈페이지 ID	

2 인터넷
고객센터 전화번호와 결합상품 또는 AI 상품 등 추가 서비스가 있다면 모두 기입해 주세요.

업체명		연락처	– –
계약서 보관 장소		홈페이지 ID	
렌탈 여부	☐ 없음 ☐ 있음 (		)

이용 중인 AI 상품		연락처	– –
계약서 보관 장소		홈페이지 ID	
렌탈 여부	☐ 없음 ☐ 있음 (		)

결합 상품		업체명	
렌탈 여부	☐ 없음 ☐ 있음 (		)

3 케이블 TV · IPTV
월간 사용료 자동이체 정보는 48쪽에 적어둡시다.

업체명		연락처	– –
계약서 보관 장소		홈페이지 ID	
렌탈 여부	☐ 없음 ☐ 있음 (		)

 10 전기·가스·상하수도 계약 정보

■ 전기·가스·상하수도의 경우 종이 고지서가 폐지되고 모바일 고지서로 전환된 경우도 있으므로 관련 내용을 가족들도 알 수 있게 적어둡시다.

■ 아직 홈페이지에 가입 또는 앱을 설치하지 않았다면 가입(또는 설치)해 둡시다. 각종 절차가 간편해집니다.

■ 보일러, CCTV 등의 정보는 '그 밖의 생활 기반 서비스'란에 기입해 둡시다.

전기

기관명	한국전력공사	고객센터	－ －
고객 번호 · 등록 번호		납부일	
홈페이지 ID		비고	

가스

업체명		고객센터	－ －
고객 번호 · 등록 번호		납부일	
홈페이지 ID		비고	

상하수도

기관 및 부서명		고객센터	－ －
고객 번호 · 등록 번호		납부일	
홈페이지 ID		비고	

그 밖의 생활 기반 서비스

MEMO

3

나의 돈과 재산

거래가 있는 금융 기관이나 자산에 관한 정보를 정리해 두면
필요한 절차를 진행할 때 훨씬 수월해집니다.
또한 향후 머니 플랜을 점검하는 데도 도움이 됩니다.

11 예·적금

■ 은행의 예·적금 계좌 목록을 정리해 둡시다. 특히 인터넷전문은행 계좌나 모바일 통장은 가족이 그 존재를 인지하기 어려우니 빠뜨리지 않고 적어둡시다. 증권 계좌는 52~53쪽에 기재합니다.

■ 증서뿐인 정기예금, 대여 금고 계약 여부 등은 비고란에 작성합니다.

■ 사망신고가 접수되어 금융 기관이 이를 인지한 시점부터 계좌의 거래가 정지되어 이체나 입출금이 불가능해집니다. 계좌가 많을수록 상속이나 환급 절차가 복잡해지겠지요. 그러므로 사용하지 않는 계좌는 미리 해지해 둡시다.

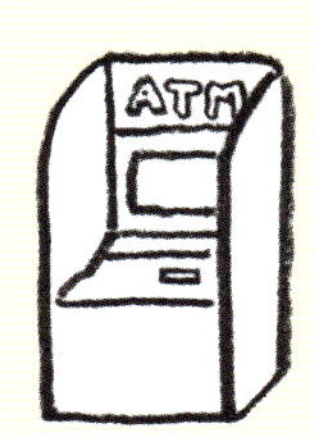

■ 비밀번호는 책 맨 뒤쪽의 중요 정보 메모 노트에 적어둡시다. 통장 및 인감을 보관한 장소 역시 이 장에는 기재하지 않고 중요 정보 메모 노트에 기록해 두는 것이 좋습니다. 중요 정보 메모 노트는 반드시 분리하여 보관하고, 그 위치는 가족이나 신뢰할 수 있는 사람에게 구두로 전달해 두는 것이 좋습니다.

계좌가 있는 금융 기관

비고란에는 정기적금 및 정기예금의 예치 금액과 만기일, 모바일 통장 이용 여부, 체크카드 종류 등을 기재해 주세요. 단, 비밀번호는 절대 적지 마세요.

금융 기관명	한국은행	지점명	서울 본점	지점 번호	999
계좌 번호	123-4-56789	종류	☑ 보통예금　☐ 정기예금　☐ 정기적금　☐ 기타		
명의자	홍길동	홈페이지 ID	abc1234#		
주 용도	연금 납부 계좌, 한스카드로 이체, 전기·수도·가스요금 납부 등				
비고	대여금고 이용 중				

금융 기관명		지점명		지점 번호	
계좌 번호		종류	☐ 보통예금　☐ 정기예금　☐ 정기적금　☐ 기타		
명의자		홈페이지 ID			
주 용도					
비고					

금융 기관명		지점명		지점 번호	
계좌 번호		종류	☐ 보통예금　☐ 정기예금　☐ 정기적금　☐ 기타		
명의자		홈페이지 ID			
주 용도					
비고					

금융 기관명		지점명		지점 번호	
계좌 번호		종류	☐ 보통예금　☐ 정기예금　☐ 정기적금　☐ 기타		
명의자		홈페이지 ID			
주 용도					
비고					

금융 기관명		지점명		지점 번호	
계좌 번호		종류	☐ 보통예금　☐ 정기예금　☐ 정기적금　☐ 기타		
명의자		홈페이지 ID			
주 용도					
비고					

금융 기관명		지점명		지점 번호	
계좌 번호		종류	☐ 보통예금　☐ 정기예금　☐ 정기적금　☐ 기타		
명의자		홈페이지 ID			
주 용도					
비고					

자택 현금도 상속 대상입니다

자택에 많은 현금을 보관하는 경우도 있습니다. '자택 현금'도 상속 대상이 되는 재산이므로 사망 후 세무 당국의 조사에 따라 상속세가 부과될 수 있습니다. 또한 도난과 같은 범죄의 표적이 되거나 치매에 걸려 보관해 둔 곳을 잊어버릴 위험이 있습니다. 사후에 가족이 미처 찾지 못하는 경우도 있으므로 특히 주의해 주세요.

자녀나 손주 명의 계좌에 주의!

자녀나 손주 명의로 계좌를 개설한 뒤 통장이나 인감을 돌려주지 않고 보관해 두면 사망 후 해당 계좌가 '차명 계좌'로 간주되어 상속 재산에 포함될 수 있습니다. 이런 위험을 피하기 위해서 통장과 인감은 반드시 본인에게 돌려줍시다. 또한 예·적금에 증여세 부과 대상 금액에 해당하는 금액을 입금했다면 미리 증여 신고를 해두는 것이 안전합니다.

12 신용카드

- 소유하고 있는 신용카드를 전부 적어둡시다. 보안을 위해 카드번호는 마지막 네 자리만 기재합니다.
- 카드를 분실했을 때를 대비해 카드사의 연락처도 적어두면 안심이 되겠지요.
- 사용하지 않는 카드는 해지합시다.

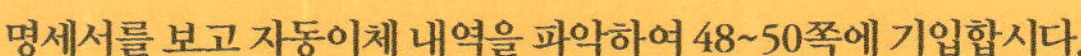

카드명	ABC카드		브랜드	VIZA	명의자	HONG GIL DONG
카드번호 (마지막 4자리만)	0　1　2　3		등록된 전화번호			010 － 1234 － 5678
			카드사 고객센터			02 － 123 － 4567
홈페이지 ID	ABC123		연회비			원
주 용도	아마존 프라임, 넷플릭스, 스마트폰 요금, 생활비					

카드명			브랜드		명의자	
카드번호 (마지막 4자리만)			등록된 전화번호			－ 　 －
			카드사 고객센터			－ 　 －
홈페이지 ID			연회비			원
주 용도						

카드명			브랜드		명의자	
카드번호 (마지막 4자리만)			등록된 전화번호			－ 　 －
			카드사 고객센터			－ 　 －
홈페이지 ID			연회비			원
주 용도						

카드명			브랜드		명의자	
카드번호 (마지막 4자리만)			등록된 전화번호			－ 　 －
			카드사 고객센터			－ 　 －
홈페이지 ID			연회비			원
주 용도						

카드명		브랜드		명의자	
카드번호 (마지막 4자리만)		등록된 전화번호		—	—
		카드사 고객센터		—	—
홈페이지 ID		연회비			원
주 용도					

카드명		브랜드		명의자	
카드번호 (마지막 4자리만)		등록된 전화번호		—	—
		카드사 고객센터		—	—
홈페이지 ID		연회비			원
주 용도					

카드명		브랜드		명의자	
카드번호 (마지막 4자리만)		등록된 전화번호		—	—
		카드사 고객센터		—	—
홈페이지 ID		연회비			원
주 용도					

카드명		브랜드		명의자	
카드번호 (마지막 4자리만)		등록된 전화번호		—	—
		카드사 고객센터		—	—
홈페이지 ID		연회비			원
주 용도					

카드명		브랜드		명의자	
카드번호 (마지막 4자리만)		등록된 전화번호		—	—
		카드사 고객센터		—	—
홈페이지 ID		연회비			원
주 용도					

13 자동 이체

■ 공과금, 유선전화, 휴대전화, 신용카드 연회비, 월세, 보험료 등 계좌나 카드에서 정기적으로 자동 이체(자동 결제)되는 항목을 적어둡시다.

■ 몇 개월, 1년, 몇 년에 한 번 이체되는 항목도 잊지 않고 적어둡시다.

이체 항목	업체명	이체 계좌 · 카드 등	이체일(월)
유선전화 · 팩스 요금			
휴대전화 요금			
인터넷 요금			
AI 서비스 등			
케이블TV · IPTV 요금			
TV 수신료			
신문 구독료			
전기 요금			
가스 요금			
상하수도 요금			
관리비 · 장기수선충당금			
월세			
주차장 요금			
신용카드 연회비			
보험료 (　　　　　　)			
보험료 (　　　　　　)			
신용카드 (　　　　　　)			
신용카드 (　　　　　　)			

이체 항목	업체명	이체 계좌 · 카드 등	이체일(월)
이체 항목	업체명	이체 계좌 · 카드 등	이체일(월)

이체 항목	업체명	이체 계좌·카드 등	이체일(월)
이체 항목	업체명	이체 계좌·카드 등	이체일(월)

14 현금 납부 및 직접 송금이 필요한 납부

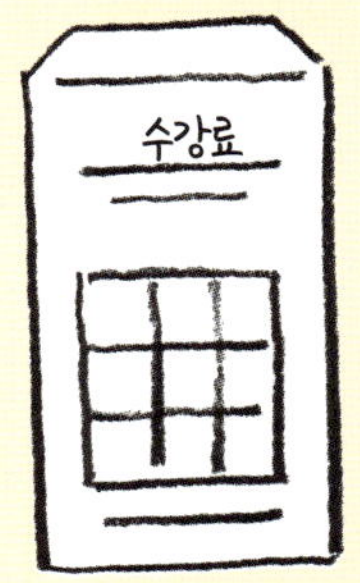

■ 모임 비용, 교양 강좌 수강료, 주차장 요금, 봉안(납골) 또는 묘지 관리비 등
　정기적으로 현금을 납부하거나 직접 송금해야 하는 항목을 정리해 둡시다.

강좌 수강료나 주민자치회비 등 종종 현금을 납부해야 하는 경우가 있습니다.

납부 항목	납부할 곳	연락처	납부일(월)	납부 금액
도예교실 강의료	홍길동 선생님	090 - △△△△△ - 0000	첫째 주 토요일	50,000원
		－ －		
		－ －		
		－ －		
		－ －		
		－ －		
		－ －		
		－ －		

MEMO

15 유가증권·그 밖의 금융자산

■ 주식, 펀드, 채권 등 거래하고 있는 은행이나 증권사의 계좌를 적어둡시다. 모바일 증권도 잊지 않고 적어둡시다.

■ 비고란에는 'ISA 계좌' '국채 1,000만 원(OO년 상환)' 'OO주식 O주' 등 구체적으로 적고 정기적으로 점검합시다.

1 유가증권 | 주식(ISA 계좌를 활용하여 운용 등), 펀드, 채권 등을 기재해 주세요.

금융 기관명	한국증권	지점명 · 모바일	서울 본점	연락처	02 – XXX – 0000
계좌번호	1XXXXX	고객 코드	○XXXXX	홈페이지 ID	abcde△△△
비고	○○ 주식 1,000주 / ◇◇ 주식 1,000주				

금융 기관명		지점명 · 모바일		연락처	
계좌번호		고객 코드		홈페이지 ID	
비고					

금융 기관명		지점명 · 모바일		연락처	
계좌번호		고객 코드		홈페이지 ID	
비고					

금융 기관명		지점명 · 모바일		연락처	
계좌번호		고객 코드		홈페이지 ID	
비고					

금융 기관명		지점명 · 모바일		연락처	
계좌번호		고객 코드		홈페이지 ID	
비고					

금융 기관명		지점명 · 모바일		연락처	
계좌번호		고객 코드		홈페이지 ID	
비고					

금융 기관명		지점명 · 모바일		연락처	
계좌번호		고객 코드		홈페이지 ID	
비고					

금융 기관명		지점명 · 모바일		연락처	
계좌번호		고객 코드		홈페이지 ID	
비고					

금융 기관명		지점명 · 모바일		연락처	
계좌번호		고객 코드		홈페이지 ID	
비고					

금융 기관명		지점명 · 모바일		연락처	
계좌번호		고객 코드		홈페이지 ID	
비고					

MEMO

16 부동산

- 소유하고 있는 부동산에 관한 정보를 기입합시다.
  단독 주택은 토지와 건물을 별도로 적습니다.
- 부동산 정보는 등기부등본(등기사항전부증명서)에 기재되어 있습니다.
  부동산 거래, 유언장 작성, 상속 시 자세한 정보가 필요하므로 등기부등본을 발급받아
  56~57쪽에 붙여두면 편리합니다.
- 등기부등본은 등기소 민원 창구에서 신청하거나 우편 및 온라인으로도
  발급받을 수 있습니다.
- 비고란에는 재건축 제약 사항, 도로 권리관계, 토지 경계선에 관한 이웃
  주민과의 합의 사항 등 가족에게 전달해야 할 사항을 적어둡시다.

종류	☐토지 ☑주택 ☐상가 ☐기타 (　　　　　　　　　　　　　　　　)		
용도	☑자택 ☐별장 ☐투자용 물건 (　　　) ☐기타 (　　　　　　　　　)		
소재지	우) 11111 서울시 ○○구 ○○로 123	지번	서울시 ○○구 ○○동 123
명의자	☐단독 ☑공동(공동명의자 김철수 　　　)	면적	90 ㎡
재산세 과세표준액	(2024년) 　7,800만원	저당권	☑없음 ☐있음 (　　　　　)
공인중개사사무소·관리회사·임차인 등		연락처	－　　　－
비고	별도 사유지도로 지분 있음. 도로 아래에 ○○ 씨 댁 수도관이 매설되어 있음.		

종류	☐토지 ☐주택 ☐상가 ☐기타 (　　　　　　　　　　　　　　　　)		
용도	☐자택 ☐별장 ☐투자용 물건 (　　　) ☐기타 (　　　　　　　　　)		
소재지	우)	지번	
명의자	☐단독 ☐공동(　　　　　　　　　　　　　　　　)	면적	
재산세 과세표준액	(　　　　년)　　　　원	저당권	☐없음 ☐있음 (　　　　　)
공인중개사사무소·관리회사·임차인 등		연락처	－　　　－
비고			

종류	☐토지 ☐주택 ☐상가 ☐기타 (　　　　　　　　　　　　　　　　)		
용도	☐자택 ☐별장 ☐투자용 물건 (　　　) ☐기타 (　　　　　　　　　)		
소재지	우)	지번	
명의자	☐단독 ☐공동(　　　　　　　　　　　　　　　　)	면적	
재산세 과세표준액	(　　　　년)　　　　원	저당권	☐없음 ☐있음 (　　　　　)
공인중개사사무소·관리회사·임차인 등		연락처	－　　　－
비고			

| 종류 | □토지 □주택 □상가 □기타 ( ) |
| 용도 | □자택 □별장 □투자용 물건 ( ) □기타 ( ) |

소재지	우)	지번	
명의자	□단독 □공동 ( )	면적	
재산세 과세표준액	(년) 원	저당권	□없음 □있음 ( )
공인중개사사무소 · 관리회사 · 임차인 등		연락처	─ ─
비고			

| 종류 | □토지 □주택 □상가 □기타 ( ) |
| 용도 | □자택 □별장 □투자용 물건 ( ) □기타 ( ) |

소재지	우)	지번	
명의자	□단독 □공동 ( )	면적	
재산세 과세표준액	(년) 원	저당권	□없음 □있음 ( )
공인중개사사무소 · 관리회사 · 임차인 등		연락처	─ ─
비고			

| 종류 | □토지 □주택 □상가 □기타 ( ) |
| 용도 | □자택 □별장 □투자용 물건 ( ) □기타 ( ) |

소재지	우)	지번	
명의자	□단독 □공동 ( )	면적	
재산세 과세표준액	(년) 원	저당권	□없음 □있음 ( )
공인중개사사무소 · 관리회사 · 임차인 등		연락처	─ ─
비고			

임대 중인 부동산에 관하여

종류	□토지 □주택 □상가 □기타 ( )		
소재지	우)		
관리회사 등		연락처	─ ─
비고			

종류	□토지 □주택 □상가 □기타 ( )		
소재지	우)		
관리회사 등		연락처	─ ─
비고			

작성일 ／ 　년　 　월　 　일

17 그 밖의 재산

■ 귀금속이나 명품 시계와 같은 장신구, 예술품, 골동품, 자동차 등 상속 대상이 될 법한
　그 밖의 자산을 기입해 둡시다. 보관 장소는 힌트를 적어두거나 신뢰할 수 있는 사람에게 말해둡시다.

■ 빌려준 돈은 차용증이 없다면 돌려받기 어려울 수 있지만 일단 가족에게 말해둡시다.

1　귀금속류 · 장식품 · 예술품 · 골동품 · 자동차 등
구매 당시 가격과 현재 평가액을 알고 있다면 기재해 주세요.

내용	보관 장소 힌트	보관 장소 연락처 등

2　빌려준 돈
비고에는 상대방과의 관계나 빌려준 이유 등을 기재해 주세요.

빌려준 사람		연락처	－　　　－
주소	우)		
빌려준 날짜	년　　월　　일	빌려준 금액	원
잔액	(　　년　　월　　일 현재) 원	차용증 유무	☐ 없음　☐ 있음 (보관 장소 :　　　)
비고			

빌려준 사람		연락처	－　　　－
주소	우)		
빌려준 날짜	년　　월　　일	빌려준 금액	원
잔액	(　　년　　월　　일 현재) 원	차용증 유무	☐ 없음　☐ 있음 (보관 장소 :　　　)
비고			

18 대출·부채·보증책임

■ 상환 중인 대출(주택·자동차·교육 목적 등)이나 신용카드 현금서비스 등에 관한 내용을 기입합시다.

■ 대출금과 같은 부채도 상속 대상이 됩니다.

■ 보증인이 되면 그 보증채무도 상속 대상이 됩니다. 고액 대출이나 보증채무 등으로 인해 가족이 불편을 겪지 않도록 관련 내용을 정확히 기입해 둡시다.

1 대출 · 부채

고액의 대출금이 있다면 상환 계획이나 가계 상황 등을 점검해 봅시다.

대출 기관		연락처	－ 　 －
대출 금액	원	대출 잔액	원(년 월 일 현재)
대출일	년 월 일	완제 예정일	년 월 일
상환액	매월 원 부분 상환 원	상환 방법	
담보	□ 없음 □ 있음 ( )	연대보증인	
대출 목적			

대출 기관		연락처	－ 　 －
대출 금액	원	대출 잔액	원(년 월 일 현재)
대출일	년 월 일	완제 예정일	년 월 일
상환액	매월 원 부분 상환 원	상환 방법	
담보	□ 없음 □ 있음 ( )	연대보증인	
대출 목적			

대출 기관		연락처	－ 　 －
대출 금액	원	대출 잔액	원(년 월 일 현재)
대출일	년 월 일	완제 예정일	년 월 일
상환액	매월 원 부분 상환 원	상환 방법	
담보	□ 없음 □ 있음 ( )	연대보증인	
대출 목적			

2 보증책임

대출이나 채무에 보증을 섰다면 반드시 관련 내용을 가족에게 공유해 주세요.

주채무자 (보증해 준 사람)		주채무자 연락처	－ 　 －
채권자		채권자 연락처	－ 　 －
보증일	년 월 일	내용	

19 보험 (생명보험 · 건강보험 · 개인연금보험 · 화재보험 ·
 자동차보험 · 운전자보험 등)

- 만일의 경우 바로 보험금을 청구할 수 있도록 계약한 보험에 관해 정리해 둡시다. 보험가입증서(계약 사항 안내서) 등을 보면서 작성합니다.
- 본인을 대신해 보험금을 청구할 수 있는 '지정 대리 청구인'을 보험사에 등록해 둔 경우 해당 내용을 기재해 둡시다.
- 개인연금보험의 '연금 수령 개시일' '수령 기간' '수령 연금액'을 내용란에 기입해 둡시다.
- 보험 관련 서류는 잘 정리해 한 곳에 모아두고 보관 장소를 메모(63쪽)에 적어둡시다.

1 생명보험 · 건강보험 · 운전자보험 · 개인연금보험 등

보험금을 확실히 수령할 수 있도록 관련 내용을 보험금 수령인이나 가족에게 공유해 주세요.

보험사	한국 생명	보험 종류 · 상품명	안심생애 A코스		
계약자	김철수	피보험자	김영희	보험금 수령인	김철수
증권 번호	AXX0000	보험 기간	1998년 2월~종신	보험료	월 50,000원
내용 (금액 · 특약 등)	사망 시 1억 원 / 입원 시 일 5만 원 / 여성질환 입원 특약 일 5만 원				
홈페이지 ID	abcXXXX			지정 대리 청구인	김철수
보험사 연락처	02-123-4567	담당자	홍길동	비고	

보험사		보험 종류 · 상품명			
계약자		피보험자		보험금 수령인	
증권 번호		보험 기간		보험료	
내용 (금액 · 특약 등)					
홈페이지 ID				지정 대리 청구인	
보험사 연락처	－ －	담당자		비고	

보험사		보험 종류 · 상품명			
계약자		피보험자		보험금 수령인	
증권 번호		보험 기간		보험료	
내용 (금액 · 특약 등)					
홈페이지 ID				지정 대리 청구인	
보험사 연락처	－ －	담당자		비고	

보험사		보험 종류 · 상품명			
계약자		피보험자		보험금 수령인	
증권 번호		보험 기간		보험료	
내용 (금액 · 특약 등)					
홈페이지 ID				지정 대리 청구인	
보험사 연락처	－ －	담당자		비고	

보험사		보험 종류 · 상품명			
계약자		피보험자		보험금 수령인	
증권 번호		보험 기간		보험료	
내용 (금액 · 특약 등)					
홈페이지 ID				지정 대리 청구인	
보험사 연락처	－ －	담당자		비고	

보험사		보험 종류 · 상품명			
계약자		피보험자		보험금 수령인	
증권 번호		보험 기간		보험료	
내용 (금액 · 특약 등)					
홈페이지 ID				지정 대리 청구인	
보험사 연락처	－ －	담당자		비고	

보험사		보험 종류 · 상품명			
계약자		피보험자		보험금 수령인	
증권 번호		보험 기간		보험료	
내용 (금액 · 특약 등)					
홈페이지 ID				지정 대리 청구인	
보험사 연락처	－ －	담당자		비고	

MEMO

19 보험

2 손해보험 [화재보험 · 지진보험 · 자동차보험 등]

보험 가입 증서를 보며 계약 내용을 기입합니다. 계약 기간이 얼마 남지 않은 보험은 계약 내용을 점검해 주세요.

보험사		보험 종류 · 상품명		
계약자		증권번호		보험 기간
내용 (금액 · 특약 등)				
보험사 연락처	－　　　－	담당자		
비고				

보험사		보험 종류 · 상품명		
계약자		증권번호		보험 기간
내용 (금액 · 특약 등)				
보험사 연락처	－　　　－	담당자		
비고				

보험사		보험 종류 · 상품명		
계약자		증권번호		보험 기간
내용 (금액 · 특약 등)				
보험사 연락처	－　　　－	담당자		
비고				

보험사		보험 종류 · 상품명		
계약자		증권번호		보험 기간
내용 (금액 · 특약 등)				
보험사 연락처	－　　　－	담당자		
비고				

MEMO

20 연금
(공적연금 · 퇴직연금 · 연금저축)

- 공적연금 관련 내용을 기입해 둡시다. 개인은 주민등록번호로 개인 식별이 가능하지만, 사업장은 국민연금 사업장 관리 번호가 필수적이므로 잘 적어두도록 합니다.
- 사업장 국민연금 관리 번호는 보험료 고지서, 공단 안내문, 정부24 또는 국민연금공단 홈페이지에서 확인할 수 있습니다.
- 퇴직연금이나 연금저축(연금저축보험, 연금저축펀드, 연금저축신탁 등)의 내용도 적어둡시다.

1 공적연금 (국민연금 · 공무원연금 · 사학연금 · 군인연금 등)
연금 관련 상담은 각 연금공단에 문의하세요.

납부자 번호 · 사업장 관리 번호		연금 수급 증서 번호 (수령 개시 후 작성)		증서 보관 장소	
가입된 연금	□ 국민연금　□ 공무원연금　□ 사학연금　□ 군인연금　□ 기타 ( )				
수령 계좌	금융 기관명		지점명	계좌 번호	
수령(예정)액		원	수령 개시 예정일	년　　월　　일	
국민연금 홈페이지 ID			연금 관련 서류 보관 장소		
비고					

납부자 번호 · 사업장 관리 번호		연금 수급 증서 번호 (수령 개시 후 작성)		증서 보관 장소	
가입된 연금	□ 국민연금　□ 공무원연금　□ 사학연금　□ 군인연금　□ 기타 ( )				
수령 계좌	금융 기관명		지점명	계좌 번호	
수령(예정)액		원	수령 개시 예정일	년　　월　　일	
국민연금 홈페이지 ID			연금 관련 서류 보관 장소		
비고					

종류		연락처	– –
가입자 번호		홈페이지 ID	

수령 계좌	금융 기관명	지점명	계좌 번호

수령(예정)액	원	수령 개시 예정일	년 월 일
비고			

종류		연락처	– –
가입자 번호		홈페이지 ID	

수령 계좌	금융 기관명	지점명	계좌 번호

수령(예정)액	원	수령 개시 예정일	년 월 일
비고			

종류		연락처	– –
가입자 번호		홈페이지 ID	

수령 계좌	금융 기관명	지점명	계좌 번호

수령(예정)액	원	수령 개시 예정일	년 월 일
비고			

MEMO

중·장년층일수록 수입과 지출을 점검합시다!

국민연금연구원의 '2023년 제10차 국민노후보장 패널 조사 결과'에 따르면 50대 이상 중·고령자 한 사람의 주관적인 노후 적정 생활비는 매월 약 192만 원입니다. 반면 2024년 6월 기준 '국민연금 급여지급 통계'에 따르면 국민연금(노령연금) 월평균 수급 금액은 1인당 약 65만 원에 불과합니다. 부부가 동일한 금액을 수령하여도 약 130만 원으로, 한 사람 생활비로도 턱없이 부족한 금액이지요.

은퇴 후 연금 생활에서는 연금, 저축을 소진하며 생활하는 경우가 많습니다. 또한 생활비 외에도 돌봄비, 의료비, 주택 유지비, 가전제품 교체비, 경조사비·여행비와 같은 행사비 등의 특별 지출이 필요합니다. 정년퇴직 후 생활에 돈이 얼마나 필요한지 예상해 봅시다. 이미 연금으로 생활하고 있다면 지금 한번 가계부를 작성해 수입과 지출을 파악해 봅시다.

 생활비는 연금 수령액이 기본. 우선 연금액을 확인합시다

정년퇴직 후 생활비는 연금과 같은 정기 수입으로 충당하는 경우가 기본입니다. 그러니 국민연금공단의 국민연금 수급증서나 국민연금공단 홈페이지의 '예상 연금액 조회' 서비스를 통해 연금(예상)액을 확인합니다.

 한 달 동안의 지출을 파악합시다

가계부를 작성 중이라면 한 달 동안의 항목별(식비·주거비·생활용품비·교육비·친목비·의료비 등) 지출을 정리해 보세요. 아직 가계부를 만들지 않았다면 3~6개월 정도 써 보고 항목별로 1개월 평균을 계산해 봅시다.

 연금액과 지출을 비교해 봅시다

한 달 동안의 지출액을 파악했다면 연금(예상)액과의 차이를 계산하여 적자를 줄이거나 없애기 위해 어느 항목의 지출을 조정할지 검토해 보세요. 은퇴 후에는 의료비가 늘거나 간병·요양비가 발생할 수도 있으므로, 은퇴 전에 의식적으로 저축을 늘리고 건강을 관리해서 조금이라도 더 오래 일하도록 합니다.

 엔딩 노트를 활용하여 자산을 점검합시다

엔딩 노트에 예·적금, 보험, 부동산, 앞으로 받을 예정인 퇴직금 등을 정리하여 현재 보유 자산이나 부채(대출 등)는 얼마나 되는지 정확히 파악합시다. 이를 바탕으로 노후 자금 저축 계획이나 생명보험 내용의 검토 등 머니 플랜 및 라이프 플랜을 고민해 봅시다. 이미 연금으로 생활하고 있다면 현재의 라이프 플랜을 재검토해 주세요.

노후에 필요한 돈을 계산해 봅시다

노후에 얼마가 필요할지 막연히 불안해 하지만 말고 구체적으로 계산해 봅시다. 일반적으로 정년퇴직 시점을 65세, 그 이후의 기대 여명을 보통 25년으로 설정하지만 100세 시대를 고려해 35년 정도로 계산할 수도 있습니다. 이를 염두에 두고 계산하면 노후에 어디에 얼마를 쓰고 싶은지 우선순위가 명확해질 거예요.

정년퇴직 후, 부족한 생활비

매월 들어오는 연금으로는 부족할 것으로 예측되는 금액을 기반으로 계산해 주세요.

1 개월 부족액 [　] 만 원 × 12 개월 × 정년퇴직 후 여명 25 년 = [　] 만 원

주택에 들어가는 비용

주택 유지비용, 매년 내는 세금 등을 기반으로 계산해 주세요.

수선비 [　] 만 원 + 1 년 동안의 재산세 및 관리비 [　] 만 원 × 정년퇴직 후 여명 25 년 = [　] 만 원

돌봄이나 의료에 들어가는 비용

건강 상태 등에 따라 변동이 큽니다 (2025년 기준 월평균 간병비 200~267만 원).

1 명당 1 년 비용 기준 3,000 만 원 × [　] 명분 = [　] 만 원

사후 정리에 드는 비용

장례, 시신 안장(장묘), 유품 정리 비용 등을 고려하며 계산해 주세요.

1 명당 평균적 비용 기준 2,000 만 원 × [　] 명분 = [　] 만 원

집안 행사에 드는 비용

여행, 자동차 구매, 자녀 지원 등을 고려해 계산해 보세요.

[　] 만 원

합계 [　] 만 원 + α

장기요양 기간 및 비용의 평균은…

보건복지부와 한국보건사회연구원이 발표한 '2022 장기요양 실태조사'에 따르면, 시설급여 본인부담액 및 비급여액 월평균 46.3만 원 × 약 3년 이상이 예상됩니다.

장기요양 시설급여 이용 기간	평균 36개월 이상 추정(3년 이상)
장기요양 시설급여 비용	월평균 약 46.3만 원
기타 비용	월평균 재가급여 12.3만 원 + α (주택 개조, 복지용구 대여 및 구매 등)

4

돌봄·의료 희망 사항

평안한 노후를 보내기 위해 돌봄이나 생애 마지막 시기의 의료 등에 대해
미리 고민해 보고 희망 사항이나 생각을 적어두는 장입니다.
가족이 결정을 내릴 떄 큰 도움이 됩니다.

21 돌봄에 관한 희망 사항

■ 신체적 불편이나 치매 등으로 돌봄이 필요할 때 어떻게 하고 싶은지, 가족이 어떻게 해주길 바라는지 적어둡니다.
■ 돌봄이나 치료 방법의 결정을 맡기고자 하는 사람에게는 그 뜻을 전달해 둡시다.
■ 노인장기요양보험 서비스의 기본적인 내용에 대해서도 알아둡시다.

1 돌봄 방법에 관한 희망

"마지막 순간까지 자택에서 지내고 싶다" "요양 시설에서 전문가의 도움을 받고 싶다" 등 희망 사항을 알면 가족들이 결정하기 수월해지겠지요.

▶ 구체적인 이유로 돌봄이 필요한 경우

돌봄 관련 희망 사항

□ 장기요양보험 또는 방문 진료 서비스를 이용하여 마지막 순간까지 자택에서 지내고 싶다.
□ 장기요양보험 또는 방문 진료 서비스를 이용하여 자택에서 지내다가 상황이 어려워지면 요양시설 입소도 고려하고 있다.
□ 조기에 요양시설에 입소하고 싶다. 　□ 가족의 판단에 맡긴다. 　□ 기타 (　　　　　　　　)

요양시설 희망 사항

시설명		연락처	－ 　 －
소재지	우)		
이유나 그 밖의 희망 사항			

▶ 치매로 돌봄이 필요한 경우

돌봄 관련 희망 사항

□ 장기요양보험 또는 방문 진료 서비스를 이용하여 마지막 순간까지 자택에서 지내고 싶다.
□ 장기요양보험 또는 방문 진료 서비스를 이용하여 자택에서 지내다가 상황이 어려워지면 요양시설 입소도 고려하고 있다.
□ 조기에 요양시설에 입소하고 싶다. 　□ 가족의 판단에 맡긴다. 　□ 기타 (　　　　　　　　)

요양시설 희망 사항

시설명		연락처	－ 　 －
소재지	우)		
이유나 그 밖의 희망 사항			

2 돌봄이나 치료 방법을 대신 결정할 사람

성명		연락처	－ 　 －	관계	
이유 또는 부탁					

성명		연락처	－ 　 －	관계	
이유 또는 부탁					

노인장기요양보험 서비스를 이용하려면 어떻게 해야 할까?

대부분 예상치 못하게 갑자기 필요해지는 돌봄. 장기요양 서비스를 이용하려면 어디에 문의해야 하는지, 어떻게 신청해야 하는지 미리 알고 있으면 안심이 되겠지요.

노인장기요양보험 서비스를 이용하려면 신청이 필수입니다

고령(65세 이상)이나 노인성 질병 등의 사유로 일상생활을 혼자서 수행하기 어려울 때 노인장기요양보험을 통해 다양한 서비스를 이용할 수 있습니다. 서비스를 이용하기 위해서는 우선 실제로 돌봄이 필요한 상태인지, 어느 정도 수준인지를 판정하는 '장기요양 인정'의 신청이 필요합니다. 관할 국민건강보험공단 지사 방문, 우편, 팩스, 홈페이지, 'The 건강보험' 앱을 통해 신청할 수 있습니다. 또한 가족, 친족 또는 이해관계인, 사회복지 전담 공무원, 치매안심센터의 장 등이 대리인으로서 신청을 대행할 수도 있습니다. 장기요양 등급은 6개 등급으로 구성되어 등급에 따라 서비스를 제공받을 수 있습니다.

장기요양기관 방문 전 꼭 확인해 주세요

장기요양 수급자로 판정되면 건강보험공단의 장기요양 담당자가 '장기요양 인정서' '개인별 장기요양 이용계획서' '복지용구 급여확인서'를 주소지로 발송합니다. 이때 개인별 장기요양 이용계획서 중 '장기요양 이용계획 및 비용'란에 희망하는 급여가 기재되어 있지 않다면 지사 담당자에게 재작성 발급을 요청해야 합니다.

돌봄 관련 사항을 결정할 대표자를 정합니다

여러 사람이 돌봄에 참여하면 생각의 차이로 갈등이 생기기 쉽습니다. 가족의 의견을 종합하고 돌봄이나 치료 방법을 최종적으로 결정하여 장기요양 담당자 또는 의료진에게 전달할 대표자를 정해둡시다. 금전 관리나 각종 계약 관련 내용은 가족 모두가 함께 정보를 공유하도록 합시다.

맞춤형 상담 서비스가 어르신을 찾아갑니다

장기요양 수급자로 등급 판정을 받으면 기능 상태 및 개별적인 욕구에 맞는 서비스를 원활하게 이용할 수 있도록 공단 직원이 방문·전화 등을 통해 상담을 제공합니다. 이용 절차·방법, 급여비용 및 본인부담금 계산 방법, 유의 사항 등 장기요양 서비스와 관련한 모든 궁금증을 해결할 수 있습니다.

장기요양등급 판정 기준 및 월 한도액

(2026. 1. 1. 기준)

장기 요양 등급	심신의 기능상태	월 한도액 (복지용구 제외)
1등급	심신의 기능 상태 장애로 일상생활에서 전적으로 다른 사람의 도움이 필요한 자로서 장기요양 인정 점수가 95점 이상인 자	2,512,900원
2등급	심신의 기능 상태 장애로 일상생활에서 상당 부분이 다른 사람의 도움이 필요한 자로서 장기요양 인정 점수가 75점 이상 95점 미만인 자	2,331,200원
3등급	심신의 기능 상태 장애로 일상생활에서 부분적으로 다른 사람의 도움이 필요한 자로서 장기요양 인정 점수가 60점 이상 75점 미만인 자	1,528,200원
4등급	심신의 기능 상태 장애로 일상생활에서 일정 부분 다른 사람의 도움이 필요한 자로서 장기요양 인정 점수가 51점 이상 60점 미만인 자	1,409,700원
5등급	치매 환자로서 장기요양 인정 점수가 45점 이상 51점 미만인 자	1,208,900원
인지 지원 등급	치매 환자로서 장기요양 인정 점수가 45점 미만인 자	676,320원

장기 요양 등급에 따라 급여별로 월 한도액이 결정됩니다. 그 한도액 내에서 재가급여는 15%, 시설급여는 20%의 본인부담금으로 서비스를 이용할 수 있습니다. 단, 한도액을 초과한 금액은 전액 본인 부담이므로 유의해야 합니다. 또한 소득 수준 등의 기준에 따라 본인부담금 감경 제도가 적용될 수 있습니다.

어떤 기관을 선택해야 할지 모르겠다면?

장기요양기관 선택이 어렵다면 국민건강보험 노인장기요양보험 홈페이지에서 제공하는 기관 검색 서비스를 이용해 봅시다. 3년마다 실시되는 장기요양기관 평가와 수급자(보호자)의 서비스 만족도 조사를 바탕으로 산정된 기관 평과 결과를 참고하여 우수한 기관을 선택할 수 있습니다.

노인장기요양보험 서비스 이용 절차

장기요양 인정을 신청하여 수급자로 판정되면 건강보험공단 장기요양 담당자가 '장기요양 인정서' '개인별 장기요양 이용계획서' '복지용구 급여확인서'를 주소지로 발송합니다. 수급자는 개인별 장기요양 이용계획서의 내용에 따라 적절한 장기요양기관을 선택하여 직접 급여계약을 체결한 뒤 장기요양 급여를 이용할 수 있습니다. 단, 계약 시에는 공단에서 받은 3가지 서류를 반드시 지참해야 합니다.

❶ 장기요양 인정 신청 및 방문 조사

❷ 장기요양 인정 및 장기요양 등급 판정

❸ 장기요양 인정서, 개인별 장기요양 이용계획서, 복지용구 급여확인서 송부

❹ 장기요양 급여 이용 계약 및 장기요양 급여 제공

❺ 1~2등급

- **재가급여**
  방문요양, 방문목욕, 방문간호, 주야간보호, 단기보호 등의 서비스

- **시설급여**
  노인요양시설, 노인요양 공동생활가정 입소

- **특별현금급여(가족요양비)**
  불가피한 사정으로 지정된 시설에서 장기요양급여를 이용할 수 없어 가족 등으로부터 방문요양에 상당하는 장기요양 급여를 받을 때 지급하는 현금급여

❻ 3~5등급

- **재가급여**
  방문요양, 방문목욕, 방문간호, 주야간보호, 단기보호 등의 서비스

- **특별현금급여(가족요양비)**
  불가피한 사정으로 지정된 시설에서 장기요양급여를 이용할 수 없어 가족 등으로부터 방문요양에 상당하는 장기요양 급여를 받을 때 지급하는 현금급여

❼ 인지지원등급

- **주야간 보호급여**

❽ 비해당

- **각 지자체에서 제공하는 노인 돌봄 서비스**

※ 장기요양보험 공통 서비스
- 장기요양 가족휴가제 급여비용(단기보호급여 및 종일 방문요양급여)
- 기타 재가급여(복지용구급여) : 휠체어, 전동·수동 침대, 목욕 리프트, 욕창 예방 매트리스·방석, 이동 욕조, 성인용 보행기 등의 구입 및 대여

❶ 본인 혹은 대리인이 전국 건강보험공단 지사 방문 또는 우편, 팩스, 인터넷, 'The 건강보험' 앱을 통해 신청하면 공단 직원이 자택에 방문하여 신청인의 심신 상태를 나타내는 객관적인 지표를 통해 장기요양 인정 점수를 산정한다.

❷ 등급판정위원회에서 방문 조사 결과 의사 소견서, 특기사항 등을 기초로 심의 및 판정한다.

❸ 장기요양 담당자가 '장기요양 인정서' '개인별 장기요양 이용계획서' '복지용구 급여확인서'를 작성하여 수급자(신청인)에게 발송한다.

❹ 수급자는 적절한 장기요양기관을 선택하여 직접 급여계약을 체결한 뒤 장기요양 급여를 이용한다.

❺ 1~2등급은 장기요양보험의 모든 서비스를 이용할 수 있다.

❻ 3~5등급은 시설급여를 제외한 모든 서비스를 이용할 수 있다.

❼ 인지지원등급은 주야간 보호급여와 기타 재가급여를 이용할 수 있다.

❽ 비해당이라면 장기요양 서비스는 이용할 수 없지만, 지자체 노인복지 및 사회복지 부서에서 제공하는 노인 돌봄 서비스를 이용할 수 있다.

재택 돌봄에서 시설 입소까지, 다양한 장기요양 서비스를 이용할 수 있습니다

요리·청소·세탁 등의 일상생활 지원, 식사·목욕 등의 신체적 보조, 주야간보호 및 단기보호 등의 '재가급여' 또는 노인요양시설 및 노인요양 공동생활가정에 입소하여 받는 '시설급여' 등 다양한 장기요양 서비스를 이용할 수 있습니다.

재가급여

공단 담당자가 작성해 준 개인별 장기요양 이용계획서를 바탕으로 장기요양기관 직원과 상의하여 재가급여를 이용할 수 있습니다.

방문 서비스	장기요양 요원이 수급자의 가정 등을 방문하여 신체 활동 및 가사 활동 등을 지원하는 '방문 요양', 장기요양 요원이 목욕 설비를 갖춘 차량을 이용하여 수급자의 가정을 방문하여 목욕 서비스를 제공하는 '방문 목욕', 의사, 한의사 또는 치과의사의 지시에 따라 간호사, 간호조무사 또는 치위생사가 수급자의 가정 등을 방문하여 간호 및 진료 보조, 요양에 관한 상담 또는 구강 위생 관리 서비스 등을 제공하는 '방문 간호'를 제공한다.
주야간 보호	하루 중 일정한 시간 동안 수급자를 장기요양기관에서 보호하며 목욕, 식사, 기본 간호, 치매 관리, 응급서비스 등의 심신 기능 유지 및 향상을 위한 교육과 훈련 등을 제공한다.
단기 보호	월 9일 이내의 기간 동안 수급자를 장기요양기관에서 보호하며 신체 활동 지원 및 심신 기능의 유지 및 향상을 위한 교육과 훈련 등을 제공한다.

기타재가급여(복지용구)

수급자의 일상생활 또는 신체활동 지원에 필요한 휠체어, 전동·수동 침대와 목욕 리프트, 욕창 예방 매트리스·방석, 이동 욕조, 성인용 보행기 등의 용구를 제공하거나 대여하여 수급자의 편의를 도모한다.

시설급여

장기간 입소하여 신체활동 및 심신 기능의 유지·향상을 위한 교육 등을 제공받을 수 있습니다. 시설급여는 국가가 정한 수가에 따라 기본 서비스 비용이 동일하게 적용되지만, 선택적 비급여 서비스 등에 따라 실제 본인부담금은 기관별로 차이가 발생할 수 있습니다.

▶ 장기요양기관 종류

• 노인요양시설
장기간 입소한 수급자에게 신체활동 지원 및 심신 기능의 유지·향상을 위한 교육·훈련 등을 제공합니다(입소 정원 : 10명 이상).

• 노인요양 공동생활가정
장기간 입소한 수급자에게 가정과 같은 주거 여건에서 신체활동 지원 및 심신 기능의 유지 향상을 위한 교육·훈련 등을 제공합니다(입소 정원 : 5~9명).

▶ 시설급여 비용(월 한도액 내 본인부담금 20%)

• 노인요양시설 및 노인요양 공동생활가정(1일당)

	노인요양시설 (인력 배치에 따른 분류)		노인요양 공동생활가정
	요양보호사가 입소자 2.1명당 1명 이상	요양보호사가 입소자 2.1명당 1명 미만	
1등급	93,070원	88,520원	74,590원
2등급	86,340원	82,120원	69,210원
3~5등급	81,540원	77,540원	63,800원

• 치매전담형 시설급여 비용(1일당)

	노인요양시설 내 치매전담실		치매전담형 노인요양 공동생활가정
	가형	나형	
2등급	96,950원	90,160원	85,790원
3~5등급	89,400원	83,140원	79,100원

(2026. 1. 1. 기준)

22 돌봐줄 사람이 알아두어야 할 것

■ 자택에서든 시설에서든 돌봄이 필요해졌을 때 돌봐줄 사람이 알아두어야 할 사항을 적어둡시다.

■ 좋아하거나 싫어하는 것, 취미 등의 정보는 돌봐줄 사람에게도 도움이 됩니다. 구체적인 정보는 'CHAPTER 7. 내가 걸어온 길'에도 적어둡시다.

돌봐줄 사람에게 바라는 호칭

음식·음료에 관하여

좋아하는 음식·음료	싫어하는 음식·음료

선호하는 밥의 질감	☐ 진밥이 취향　　☐ 보통의 질기가 취향　　☐ 된밥이 취향
알레르기가 있는 식품	

의류에 관하여

의상·옷차림 정도	☐ 단정한 복장이 좋다.　☐ 편안한 복장이 좋다. ☐ 화려한 복장이 좋다.　☐ 기타 (　　　　　　　　　　　　)
좋아하는 색·무늬	
옷 사이즈	상의　　　　　　　　　　　　　하의
속옷 사이즈	기저귀 사이즈
신발 사이즈	cm
애용하는 화장품 브랜드	

환경에 관하여

☐ 밝은 조명이 좋다.	☐ 어두운 조명이 좋다.
☐ 잘 때도 밝은 게 좋다.	☐ 잘 때는 어두운 게 좋다.
☐ 더위에 약하다.	☐ 추위에 약하다.
☐ 목욕이 좋다.	☐ 목욕이 싫다.
☐ 떠들썩한 환경이 좋다.	☐ 조용한 환경이 좋다.
☐ 텔레비전 · 라디오가 켜져 있는 게 좋다.	☐ 텔레비전 · 라디오가 켜져 있는 게 싫다.
☐ 집단행동이 좋다.	☐ 개인행등이 좋다.
☐ 사람과 대화하는 게 좋다.	☐ 사람과 대화하는 게 서툴다.

☐ 남성이 불편하다. ☐ 여성이 불편하다. ☐ 아이가 불편하다.

☐ 싫어하는 소리가 있다. (소리 종류 :   )

☐ 싫어하는 동물이 있다. (동물 종류 :   )

☐ 그밖에 하고 싶은 말

취미에 관하여

☐ TV 보는 게 좋다.	☐ 영화 감상이 좋다.	☐ 인터넷 동영상 시청이 좋다.	☐ 연극 감상이 좋다.
☐ 라디오 청취가 좋다.		☐ 음악 감상이 좋다.	☐ 노래방이 좋다.
☐ 노래 연주가 좋다.		☐ 애니메이션이 좋다.	☐ 만화책이 좋다.
☐ 독서가 좋다.		☐ 미술 감상이 좋다.	☐ 바둑이나 장기가 좋다.
☐ 수예가 좋다.	☐ DIY가 좋다.	☐ 원예가 좋다.	
☐ 글을 쓰는 게 좋다.		☐ 그림 그리는 게 좋다.	
☐ SNS로 소통하는 게 좋다.		☐ 자원봉사 활동이 좋다.	
☐ 스포츠 관람이 좋다.	☐ 운동 등 몸을 움직이는 게 좋다.		☐ 춤추는 게 좋다.
☐ 산책이 좋다.	☐ 드라이브가 좋다.	☐ 동물과 교감하는 게 좋다.	

그 밖에 하고 싶은 말

곁에 두고 싶은 것

신체 관련 유의할 점

피하고 싶은 것

그 밖에 민감한 부분

23 간병 비용 및 재산 관리에 관하여

- 간병 비용이나 요양시설 입소 비용을 어떻게 마련할지 건강할 때 미리 생각해 둡시다. 자택을 처분하여 간병 비용에 보태려는 경우에는 가족과도 미리 상의해 둡시다.
- 신체적 불편이나 치매로 인해 은행 계좌 입출금이나 각종 계약 절차 등 재산 관리가 어려워졌을 때, 그 관리를 대신할 사람도 정해 둡시다.

1 간병 · 요양시설 입소 비용

요양시설 입소를 희망한다면 미리 자금을 준비해 둡시다. 자택을 처분하여 간병 비용에 보태려는 경우에는 가족과 미리 상의해 주세요.

- ☐ 간병을 위한 예 · 적금이 있다. (금융 기관명 :　　　　　　금액 :　　　　　원)
- ☐ 간병인 보험에 가입되어 있다. (보험사명 :　　　　　) ※60〜61쪽 참조
- ☐ 연금 또는 예 · 적금을 사용할 예정이다.
- ☐ 특별히 준비하지 않았다.
- ☐ 기타 (　　　　　　　　　　　　　　　　　　)

2 대신 재산을 관리할 사람

임의후견인, 가족 신탁 계약, 가족에게 맡길 경우 신뢰하는 대리인 등을 미리 선정해 두세요.

업체명			
성명 · 담당자		전화번호	－　　　－
주소	우)		

자격

- ☐ 결정을 대신할 가족　성명 (　　　　　) 관계 (　　　　　　　　　　　)
- ☐ 재산 관리 계약 수임자 (　　　　) 계약일 (　　　년　월　일)　공정증서 번호 (　　　)
- ☐ 임의후견(수임)자 (　　　　) 계약일 (　　　년　월　일)　공정증서 번호 (　　　)
- ☐ 가족 신탁 수탁자　성명 (　　　) 계약일 (　　　년　월　일)　공정증서 번호 (　　　)
- ☐ 금융 기관 대리인　성명 (　　　　)
- ☐ 기타 (　　　　　　　　　　　　　　　　　　)

MEMO

직접 재산을 관리할 수 없는 상황을 대비해 둡시다

보행이 어려워져 직접 은행에 갈 수 없거나 치매에 걸려 예·적금 등 금융 거래가 어려워졌을 때와 같이 직접 재산을 관리하기 어려운 상황을 위한 대비도 건강할 때 미리 고민해 둡시다. 직접 성년후견인을 정해둘 수 있는 임의후견인제도, 치매에 걸렸을 때 자택 매매 등의 자산 운용을 대신할 수 있도록 가족과 신탁계약을 맺는 가족신탁제도 등이 있습니다. 치매 진단을 받았을 때 가정법원이 성년후견인을 정하는 법정후견제도에 대해서도 알아둡시다.

	가족 신탁 (민사 신탁)	성년후견 제도 — 법정후견			성년후견 제도 — 임의후견
		성년후견	한정후견	특정후견	
대리자	가족·친족 등	배우자와 친족 또는 제삼자(법인 포함)·여러 명도 가능			
내용	본인이 위탁자이자 수익자로서 예금·부동산·유가증권 등의 자산 관리·운용·처분 등을 수탁자(가족 등)에게 맡기는 계약을 맺는다. 신탁재산은 수탁자 명의가 되지만 재산의 이익은 수익자의 몫이다.	질병, 장애, 노령, 그 밖의 사유로 인한 정신적 제약으로 사무를 처리할 능력이 지속적으로 결여된 성인이 가정법원의 후견개시심판으로 선임된 후견인의 지원을 통해 보호받는 제도이다.	질병, 장애, 노령, 그 밖의 사유로 인한 정신적 제약으로 사무를 처리할 능력이 부족한 성인이 가정법원의 후견개시심판으로 선임된 후견인의 지원을 통해 보호받는 제도이다.	질병, 장애, 노령, 그 밖의 사유로 인한 정신적 제약으로 일시적 후원 또는 특정한 사무에 관한 후원이 필요한 성인이 가정법원의 후견개시심판으로 선임된 후견인의 지원을 통해 보호받는 제도이다.	질병, 장애, 노령, 그 밖의 사유로 인한 정신적 제약으로 사무를 처리할 능력이 부족한 상황이거나 부족하게 될 상황에 대비하여 본인의 재산 관리 및 신상 보호에 관한 사무의 전부 또는 일부를 스스로 다른 자에게 위탁하고 그 위탁 사무에 관하여 대리권을 수여하는 계약을 체결하도록 하는 것이다.
초기 비용	변호사·법무사 등의 전문가 상담 비용(선택), 공정증서 작성 수수료, 부동산 등기 수수료	법원 인지대·송달료, 의사 감정료, 후견 개시 등기 수수료, 변호사 수임료(선택)			공정증서 작성 수수료, 법원 인지대·송달료, 의사 감정료, 후견 개시 등기 수수료, 변호사 수임료(선택)
유지 비용	계약에 따름	성년후견인 보수, 성년후견 감독인 보수 (각 보수는 무보수도 가능)			임의후견인 보수, 임의후견감독인 보수(각 보수는 무보수도 가능)
신청	위탁자와 수탁자가 계약 체결(필요시 전문가 자문) 후 공증사무소에서 공정증서 작성. 부동산은 등기 필요.	가정법원에 성년후견 개시 심판 청구.			공정증서로 후견 계약을 체결. 피후견인의 판단 능력 상실 후 임의후견 개시 심판 청구 및 임의후견감독인 선임 시 효력 발생.
장점	금전이나 부동산의 관리 및 처분 등을 할 수 있다. 신탁재산에서 발생한 이익을 위탁자 본인(수익자)의 생활비 등으로 사용할 수 있다.	재산 관리뿐만 아니라 요양시설 입소 등의 계약 절차도 진행할 수 있다. 피성년후견인의 행위를 취소할 수도 있다.			직접 후견인을 선임하여 희망 사항을 전달할 수 있다. 성년후견인과 같은 역할을 할 수 있지만 미리 계약으로 그 범위를 한정해 둘 수도 있다.
단점	초기비용 및 유지비용이 들 수 있다. 계약된 재산의 관리 및 처분에 한하며, 원칙적으로 신탁재산 그 자체를 활용할 수 없다.	가정법원은 피성년후견인의 의사를 존중하되, 여러 상황을 고려하여 적합한 친족 또는 전문가를 후견인으로 선임하므로 원하는 사람이 후견인으로 선임되지 않을 수도 있다.			공증, 후견개시심판, 임의후견감독인 선임 등 절차가 복잡하다. 임의후견감독인이 선임되기 전에는 효력이 발생하지 않는다.

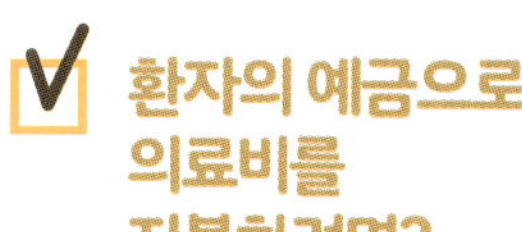

판단 능력이 없는 예금주의 계좌는 가족조차 임의로 금융 거래를 할 수 없어 생전에는 치료비 부담을, 사후에는 상속세 부담을 가족이 떠안아야 했습니다. 이러한 불편을 해소하기 위해 금융감독원과 은행연합회에서 '치료비 목적의 예외 인출 방안'을 마련했습니다. 의료 기관에서 발급한 일정 서류로 간편하게 신청하면 은행이 예금주의 계좌에서 의료비를 의료 기관에 직접 이체하는 방식입니다. 이를 통해 가족의 치료비 부담을 덜고, 만일의 상황에도 계좌를 안전하게 관리할 수 있습니다.

24 임종기 의료에 관하여

■ 병에 걸렸을 때를 위한 여명 고지 혹은 회복 가망이 없을 때를 위한 연명치료 선택 여부에 대해 적어둡시다. 의식불명 등 의사를 확인할 수 없을 때를 대비해 본인의 의사를 미리 적어두면 가족이 결정하는 데 도움이 되겠지요.
■ 장기 기증·시신 기증에 대해서는 생전에 가족의 동의를 얻어 준비해 둡시다.

1 병명 · 시한부 선고
회복 가능성이 없는 병명 또는 시한부 고지에 관한 희망 사항을 기입해 주세요.

□ 알려주기를 희망한다.　　□ 알려주지 않았으면 좋겠다.　　□ 기타 (　　　　　　　　　　　　　　　　)

2 마지막 순간을 맞이하고 싶은 장소
'기타'에는 '입원하더라도 가능하다면 마지막 순간에는 집에서'와 같이 기재해 주세요.

□ 자택　　□ 병원　　□ 요양시설　　□ 가족의 판단에 맡긴다.　　□ 기타 (　　　　　　　　　)

3 연명치료 관련 희망 사항
가족이 쉽사리 결정하기 어려운 사항이며 중요한 부분이니만큼 정기적으로 검토하고 다시 작성해도 좋습니다.

□ 회복이 불가능한 경우 연명치료는 희망하지 않는다.

□ 고통을 완화하는 완화의료를 희망한다.

□ 임종기에 대비해 '사전연명치료의향서' '사전연명의료계획서'를 작성해 두었다.
　'사전연명치료의향서' '사전연명의료계획서'는 □ 직접 작성 및 보관　□ 보건복지부 등록기관에 보관　□ 공정증서로 작성
　보관 장소는 (　　　　　　　　　　　　　　　　　　　　　　　)

□ 연명치료를 희망한다. 단 아래의 처치는 희망하지 않는다.
　□ 심폐소생술　□ 혈액 투석　□ 항암제 투여　□ 인공호흡기　□ 체외생명유지술(ECLS)
　□ 수혈　□ 혈압상승제 투여　□ 기타 (　　　　　　　　　　　　　　　　　)

□ 가족의 판단에 맡긴다.

직접 의사표시를 할 수 없을 때 대신 결정할 사람

□ 배우자　　　　　□ 자녀 (성명 :　　　　　　　)　　　　　□ 담당의
□ 기타 (　　　　　　　　　　　　　　　　　　　　　　　　　　　)

4 장기기증과 시신기증
장기 기증과 시신 기증을 위해서는 반드시 가족의 동의가 필요합니다.

장기기증에 대하여

□ 장기기증을 희망하지 않는다.
□ 장기기증 등록을 해두었다 (기관명 :　　　　　　　) (카드 보관 장소 :　　　　　　　　　)

시신기증에 대하여

□ 희망하지 않는다.
□ 시신기증 등록을 해두었다 · 할 예정이다. (등록 대학 :　　　　　　) (연락처　　　－　　　－　　　)

임종기 의료를 알고 판단 근거로 삼으세요

 ## 회복 가망이 없을 때 실시하는 '연명치료'란?

일반적으로 병이나 사고로 인해 회복이 불가능하다는 진단을 받은 경우 연명(생명 유지)을 목적으로 실시하는 치료(조치)를 연명치료라고 부릅니다. 기관 절개 후 삽관하여 호흡을 돕는 '인공호흡기'와 심각한 호흡부전·순환부전 시 체외순환을 통해 심폐기능 유지를 도와주는 치료로서 일명 에크모로 불리는 '체외형 막형 산화장치ECMO'를 이용하는 시술을 포괄하는 개념인 '체외생명유지술ECLS' 그리고 심폐소생술CPR이나 제세동기AED를 사용하는 '심폐 소생 조치' 등이 있습니다. 이러한 처치는 일단 시작하면 쉽게 중단할 수 없으며 본인의 의사를 확인할 수 없으면 가족이 결정해야 하므로 몹시 큰 부담이 되기 마련입니다. 가족을 위해서라도 엔딩 노트에 미리 의사를 표시해 둡시다.

 ## '장기기증'은 카드로 의사표시를

장기기증을 희망하는 경우 국립장기조직혈액관리원(또는 한국장기조직기증원, 대학병원, 보건소 등 위탁등록기관)에서 기증 희망 등록을 할 수 있습니다. 기관에서 발급한 카드형 장기·조직기증 희망 등록증이나 신분증에 부착한 기증 희망자 표시 스티커로 장기기증 희망 의사를 표시할 수 있으며 운전면허증 재발급 시 장기기증 의사표시를 신청할 수도 있습니다.

 ## '장기기증'과 '시신기증'의 차이는?

'장기기증'이란 특정한 장기나 조직을 다른 사람의 장기 등의 기능 회복을 위하여 대가 없이 제공하는 행위이며, '시신기증'은 사망 후 시신을 의학교육과 연구의 발전을 위해 조건이나 대가 없이 제공하는 행위를 뜻합니다. 시신기증을 희망하는 경우에는 의과대학에 전화 또는 우편으로 등록할 수 있습니다. 장기기증과 시신기증 모두 가족의 동의가 필수적이므로 생전에 미리 가족의 동의를 얻어두어야 합니다.

 ## 가족, 친구, 의사와 함께 '사전 돌봄 계획'을

'사전 돌봄 계획Advanced Care Planning'이란 만일의 상황을 대비해 미리 의료나 돌봄에 대해 고민하고, 그 내용을 가족 또는 가까운 지인, 의사, 돌봄 관계자 등과 상의하며 자신의 의사를 공유해 두는 활동을 말합니다. 논의 주제로는 연명치료를 진행할지, 어떤 의료 및 돌봄을 원하거나 원하지 않는지, 마지막 순간은 어떻게 보내고 싶은지 등이 있고 상황에 따라 마음이 바뀔 수 있으므로 여러 차례 대화를 통해 의향을 재확인하고 공유해 둡시다.

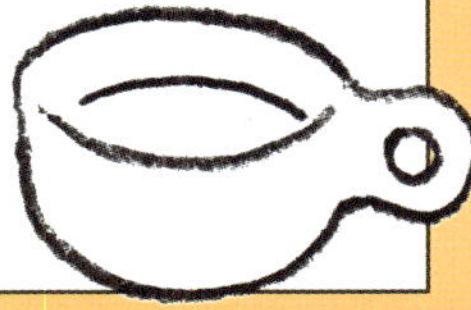

MEMO

5

장례·
장묘에 관하여

장례 및 장묘에 관한 인식이 크게 바뀌고 있습니다.
본인의 장례를 어떻게 치러주길 바라는지,
묘지는 어떤 형태를 원하는지 희망 사항을 적고 지금 할 수 있는 준비를 해둡시다.

25 장례에 관하여

■ 가족이나 가까운 지인만 모여 거행되는 가족장이나 빈소를 차리지 않고 곧바로 화장하는 무빈소 직장直葬의 증가 등 장례의 형태도 다양해지고 있습니다. 어떤 형태의 장례를 원하는지 희망 사항이나 장례에 필요한 정보를 정리해 둡시다.

■ 가입된 상조회사가 있다면 반드시 기재하고, 가족에게 공유해 둡시다.

1 장례 형태에 관하여
소인원·소규모 장례가 늘어나고 있습니다. 참석해 주었으면 하는 사람은 22~29쪽의 주소록에서 체크해 주세요.

- ☐ 빈소 없이 간소한 장례를 희망한다.
- ☐ 일반적인 형식의 장례를 희망한다.
- ☐ 가족과 친지 중심의 장례를 희망한다.
- ☐ 절친을 초대해 작별 인사를 하고 싶다.
- ☐ 가족의 판단에 맡긴다.
- ☐ 기타 ( )

2 장례 시 종교·종파에 관하여
조상을 모신 사찰이 있다면 반드시 기재해 주세요. 가족과 종교가 달라 본인 종교에 따른 장례식을 희망한다면 종교 시설 등의 연락처 등도 적어둡시다.

장례 시 종교

☐ 불교　☐ 천주교　☐ 기독교　☐ 무교　☐ 기타 ( )　　종파

조상을 모신 사찰 또는 소속된 종교단체 등

명칭		연락처	－	－
소재지	우)			

3 장례 장소
희망하는 장례 장소가 있다면 구체적으로 기재해 주세요.

- ☐ 자택
- ☐ 장례식장
- ☐ 조상을 모신 사찰이나 교회
- ☐ 가족의 판단에 맡긴다.
- ☐ 기타 ( )

희망하는 장소

명칭		담당자		연락처	－	－
소재지	우)					

4 상조회사 등
가입된 상조회사가 있다면 기재해 주세요.

- ☐ 계약을 해두었다.
- ☐ 희망하는 업체가 있다.
- ☐ 가족의 판단에 맡긴다.

계약된 업체·희망하는 업체

업체명		담당자		연락처	－	－
소재지	우)	계약 내용				

5 **장례 비용** │ 평균적인 장례 비용은 2,000만 원(조문객 15C명 기준) 정도, 무빈소 직장
(直葬)이라도 200~300만 원 정도라는 통계가 있습니다.

- ☐ 저축이나 해지한 생명보험을 사용한다.
- ☐ 장례보험에 가입해 두었다.
- ☐ 상조회사에 가입해 두었다.
- ☐ 특별히 준비하지 않았다.
- ☐ 기타 ( )

6 **상주** │ 일반적으로 상주는 배우자나 자녀가 됩니다. 다른 사람에게 맡기고 싶다면
미리 약속해 둡시다.

- ☐ 부탁한 사람이 있다.   성명   연락처   –   –
- ☐ 가족의 선택에 맡긴다.

7 **수의** │ 나의 마지막 옷이니 희망하는 게 있다면 구체적으로
기재해 주세요.

- ☐ 전통 수의를 입힌다.
- ☐ 평소 자주 입은 옷을 입힌다.
- ☐ 특별히 준비하지 않았으니 가족의 선택에 맡긴다.
- ☐ 따로 준비해 둔, 가장 좋아하는 옷을 입힌다. (보관 장소 :)
- ☐ 기타 ( )

8 **영정사진** │ 희망하는 사진이 있다면 출력하거나 데이터로 보관하고, 가족에게 공유 또는
봉투에 넣어 이 노트에 부착해 주세요.

- ☐ 희망하는 사진이 있다. (보관 장소 :)
- ☐ 특별한 희망 사항은 없다.

9 **제단 · 장례식장 장식 · 음악 등** │ 좋아하는 작품이나 도구, 추억이 깊은 물품이나 사진 등
장식하고 싶은 것이 있다면 기입해 주세요.

- ☐ 일반적인 제단
- ☐ 꽃 제단 (원하는 꽃 :)
- ☐ 큰 비용을 들이지 않아도 괜찮다.
- ☐ 장식해 주기를 바라는 물품이 있다. (내용 :) (보관 장소 :)
- ☐ 틀어주었으면 하는 음악이 있다. (곡명 :) (음원 보관 장소 :)
- ☐ 기타 ( )

10 **그 밖에 장례식과 관련된 희망 사항** │ 부고장, 조의 감사문, 답례품에 관한
부탁 등이 있다면 기재해 주세요.

 장묘 희망 사항

- 정해진 장지가 있는 경우에는 가족과 상의하여 묘지를 돌볼 사람을 정해둡시다.
- 묘지를 돌볼 사람이 없다면 묘지 정리를 검토할 필요가 있습니다.
- 정해진 장지가 없다면 어떤 방식의 장묘를 원하는지 구체적으로 고민해 둡시다.

1 묘지에 관하여

묘지·봉안당(납골당)에 대한 희망 사항도 다양해지고 있습니다.
미루기 쉬운 일이지만 가능한 한 서둘러 고민해 둡시다.

☐ 정해진 묘지 · 봉안당(납골당)이 있다.

묘지 명칭		→ 자세한 내용은 **③**에 적는다

☐ 정해진 묘지 · 봉안당(납골당)이 없다.

☐ 앞으로 준비할 예정이다.

묘지 명칭		연락처	−	−
소재지	우)			

☐ 새롭게 준비해 주기를 바란다.

☐ 일반 묘지　☐ 봉안당(납골당)　☐ 추모공원　☐ 자연장지　☐ 기타 (　　　　　　)

묘지 명칭		연락처	−	−
소재지	우)			

☐ 자연장 · 산분장(산골)을 희망한다.

업체명		연락처	−	−

☐ 가족의 선택에 맡긴다.

2 매장·봉안(납골)·자연장 등의 비용

새로이 묘지나 봉안시설에 안장하기 위해서는 매장 및 봉안(납골) 비용(약 400만 원), 비석 및 묘석 설치비(업체마다 비용이 다름), 관리비 등이 필요하니 이 비용을 어떻게 할 것인지 기재해 둡시다.

☐ 예 · 적금을 사용
☐ 해지한 생명보험을 사용
☐ 특별히 준비하지 않았다.　☐ 기타 (　　　　　　　　　　)

예산	원

MEMO

3   관리 · 계약 중인 묘지 정보

저출생으로 인해 한 사람이 여러 묘지를 돌봐야 할 수도
있으니 훗날을 생각해 묘지 정리도 고려해 봅시다.

묘지 명칭		종교 · 종파	
소재지 · 구획	우)	연락처	– –
계약자		안장된 분	

관리·정리에 관하여

☐ 계속 돌봐주기를 바란다.	돌볼 사람		연락처	– –

☐ 기타 (   )

묘지 명칭		종교 · 종파	
소재지 · 구획	우)	연락처	– –
계약자		안장된 분	

관리·정리에 관하여

☐ 계속 돌봐주기를 바란다.	돌볼 사람		연락처	– –

☐ 기타 (   )

묘지 명칭		종교 · 종파	
소재지 · 구획	우)	연락처	– –
관리 · 정리에 관하여		안장된 분	

승계·처분에 관하여

☐ 계속 돌봐주기를 바란다.	돌볼 사람		연락처	– –

☐ 기타 (   )

4   제사 등 희망 사항

49재나 제사에 관한 희망 사항이 있다면
기재해 둡시다.

장묘에 관하여

 **'묫자리를 산다'는 '사용권을 취득한다'는 의미**

'묫자리를 산다'는 말에는 2가지 경우가 있습니다. 토지를 매입하여 소유권을 취득한 뒤 사설 묘지로 사용하는 방법과 공설 묘지나 법인이 운영하는 공원묘지에서 사용권을 부여받는 방식입니다. 분묘의 설치 기간은 30년이며, 1회에 한하여 30년을 추가로 연장할 수 있습니다. 사용권은 상속인에게 승계할 수 있으나, 이를 승계할 사람이 없다면 분묘에 설치된 시설물을 철거하고 묘지를 정리해야 합니다.

 **다양한 장묘 방식**

가족이 묻힌 가족묘 외에도 비석을 설치하지 않는 수목장 또는 봉안당(납골당) 등 장묘 방식도 시대와 함께 다양해졌습니다. 반려동물을 안장하는 묘지도 있습니다.

가족묘	일반적인 조상 대대로 내려오는 묘지로, '안동 김씨 가족묘' 등 가족 단위의 묘. 묘지를 돌볼 사람이 필요한 경우가 많다.
추모 공원	여러 사람을 공동으로 안장할 수 있도록 마련한 시설로, 최근에는 매장뿐만 아니라 봉안(납골), 자연장 등 방식이 다양해지고 있다.
수목 장지	묘원으로 허가받은 산림이나 공원묘지 등에 봉분이나 비석 대신 수목이나 화초를 심어 그 아래 또는 주변에 매장한다.
봉안당 (납골당)	유골을 묻지 않고 수납하는 시설. 벽이나 담 형태로 된 봉안담, 분묘의 형태로 된 봉안묘, 탑의 형태로 된 봉안탑 등의 방식이 있다.

 **개장改葬이란**

'자손이 없다' '묘지가 먼 곳에 있어 찾아뵙기 어렵다' '묘지의 유지·관리 부담을 자식에게 지우고 싶지 않다' 등의 이유로 현재 소유하고 있는 묘지를 처분(개장)하는 사람이 늘고 있습니다. 개장을 위해서는 매장되어 있던 유골을 이장할 장소를 정해야 하며, 묘석을 철거하고 원래대로 정리하는 비용, 이장지 장묘 비용 등이 필요합니다. 이장지는 추모공원이나 봉안당(납골당) 또는 자연장 등이 있습니다.

 **장례 준비, 믿을 수 있는 정보로 차분하게**

누구나 갑작스럽게 마주하는 장례식, 어디에서 무엇을 준비해야 할지 막막하겠지요. 이럴 때 '한국장례문화진흥원' 홈페이지에서 장례 절차 및 용어 등 장례에 관하여 꼭 알아야 할 정보를 정확하게 확인할 수 있습니다. 또한 'e하늘 장사정보시스템' 홈페이지를 통해 전국 장사 시설의 시설 현황 및 금액 정보까지 실질 정보를 한눈에 파악할 수 있습니다.

 **수목장이란**

나무, 화초, 잔디 아래 또는 주변에 골분을 묻는 방식으로 봉분이나 비석 대신 나무나 화초를 심기 때문에 비용이 절감되며 묘지나 봉안당(납골당)처럼 엄숙한 분위기에서 탈피하고 자연친화적이기 때문에 선호도가 높은 방식입니다. '한 그루의 개별목 아래 한 명의 골분을 묻는 유형' '한 그루의 가족목 아래 가족의 골분을 함께 묻는 유형' '한 그루의 공동목에 여러 명의 골분을 묻는 유형' 등 다양한 유형이 있습니다.

 **산분장(산골)을 하기 위해서는**

산분장(산골)이란 유골을 분골한 뒤 이를 바다나 산 등에 뿌리는 방식을 의미합니다. 법적으로 '해양 또는 화장한 유골의 골분을 뿌릴 수 있는 시설 또는 장소가 마련된 묘지·화장시설·봉안시설·자연장지'에 산분장을 치르는 것을 허가하고 있습니다. 하지만 산분장에 대한 대중의 거부감이 여전히 큰 편이므로 산분장을 치르겠다고 결정했다면 믿을 수 있는 전문 업체에 의뢰합시다.

6

상속·
유언에 관하여

상속과 유언도 신중히 고민하여 준비해 둡시다.
나만의 보물 또는 스마트폰과 컴퓨터에 남겨둔 소중한 반려동물의 사진이나 문서 등의
'디지털 유산'의 처리에 대해서도 잊지 않도록 합니다.

27 상속인에 관하여

- 법정 상속의 경우 누가 상속인이 되는지, 재산 상속 시 분배는 어떻게 하는지 등은 법률로 정해져 있습니다. 상속인 및 법정상속분을 정확히 확인하여 재산을 어떻게 상속할 것인지 정해둡시다.
- 상속 관계가 복잡한 경우에는 변호사나 법무사 등 전문가에게 자문합시다.

법정상속인에게는 '순위'가 있습니다.

법정상속인은 배우자와 일정 범위 내의 혈족입니다. 법률상 배우자는 1·2순위자와 공동상속인이 되며, 1·2순위자가 모두 없다면 단독 상속인이 됩니다. 1순위자가 없다면 2순위자가, 1·2순위자와 배우자가 모두 없다면 3순위자가, 3순위자도 없다면 4순위자가 상속인이 되는 구조입니다.

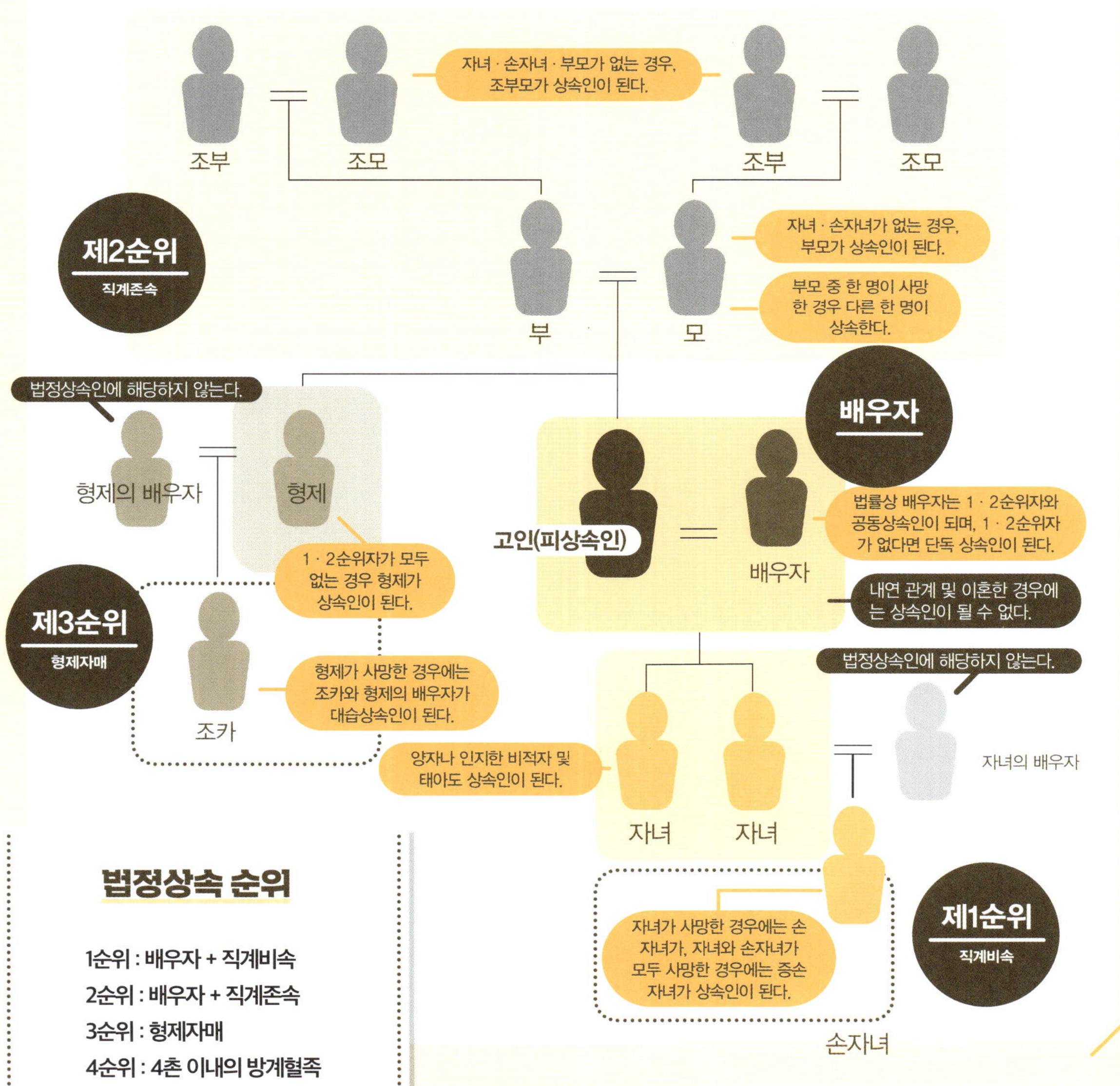

법정상속 순위

1순위 : 배우자 + 직계비속
2순위 : 배우자 + 직계존속
3순위 : 형제자매
4순위 : 4촌 이내의 방계혈족

나의 법정상속인과 법정상속분 확인 차트

유언을 남겼다면 그 내용을 가장 우선하여 상속하지만, 만일 유언이 없다면 상속인이 함께 상의하여 배분 방식을 정합니다. 이때 합의가 이루어지지 않으면 원칙적으로 법률에 정해진 상속분(법정상속분)에 따라 유산을 배분합니다. 법정상속분은 상속인으로 누가 있는지에 따라 비율이 달라집니다. 법정상속분이 아닌 배분 방식을 적용하고 싶거나 상속인끼리 분쟁이 예상된다면 미리 유언장을 작성해 둡시다.

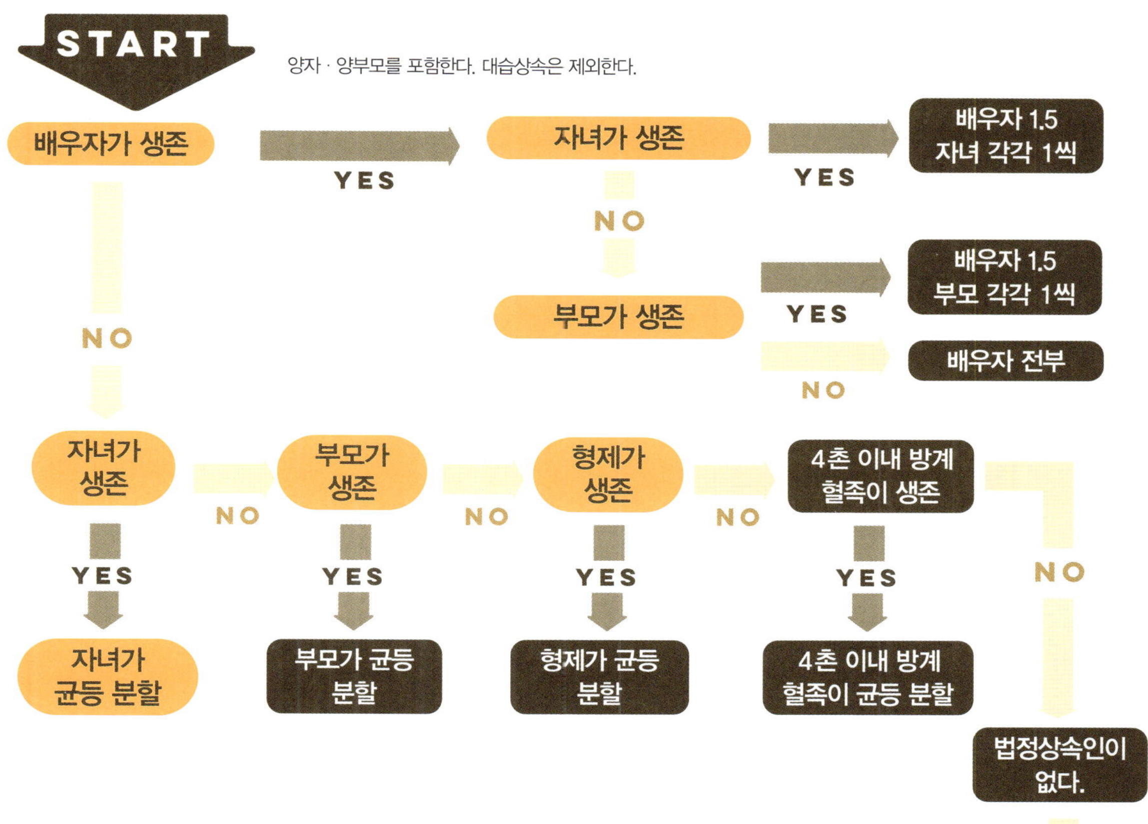

유증 등을 지정한 유언이 없다면 원칙적으로 국고에 귀속. 피상속인과 사실혼 관계에 있거나 피상속인을 돌본 특별연고자에게 전부 또는 일부를 분여할 수 있다.

유류분이 있으므로 주의

유언으로 재산 분배를 지정할 수 있지만 '유류분'을 고려해야 합니다. 유류분은 법적으로 상속인이 받을 수 있는 최소한도의 상속분을 의미합니다. 예를 들어, "아내에게 모든 재산을 상속한다"라고 유언장에 적어도 자녀(양자 포함)가 있다면 자녀에게는 유류분을 청구할 권리가 있습니다. 유류분이 인정되는 사람은 배우자, 직계비속, 직계존속으로 유류분은 배우자와 직계비속은 법정상속분의 $\frac{1}{2}$, 직계존속은 $\frac{1}{3}$을 청구할 수 있습니다.

대출·부채도 상속 대상이 됩니다

대출금이나 부채 등의 소극재산도 상속 대상입니다. 고액의 대출금이나 부채가 있다면 관련 내용을 상속인에게 미리 말해둡시다. 소극재산이 많은 경우에는 '상속 포기'도 가능하지만, 원칙적으로 사후 3개월 이내에 가정법원에 신청해야 합니다. 만약 사망 후 망자의 예·적금 중 일부라도 사용하면 상속 포기가 불가능해질 수 있습니다.

28 소중한 물건에 관하여

- 수집품, 사진, 동영상, 일기, 수첩, 편지 등 'OO에게 물려준다' '기부' '폐기'와 같이 처분 방법에 관하여 적어 둡니다.
- 남들에게 보이기 싫은 물건은 봉투에 담아 '이대로 처분' 등의 지시 사항을 적어둡시다.

내용		보관 장소	
처분 방법			

내용		보관 장소	
처분 방법			

내용		보관 장소	
처분 방법			

내용		보관 장소	
처분 방법			

내용		보관 장소	
처분 방법			

내용		보관 장소	
처분 방법			

내용		보관 장소	
처분 방법			

내용		보관 장소	
처분 방법			

내용		보관 장소	
처분 방법			

내용		보관 장소	
처분 방법			

29 디지털 유산에 관하여

■ 스마트폰이나 컴퓨터 내부, 이동식 저장장치(USB 혹은 SD카드), 인터넷상에 저장된 사진·동영상·문서 데이터와 SNS 계정 등을 통틀어 '디지털 유산'이라고 부릅니다. 사후 처분 방법에 대한 희망 사항을 적어둡시다.

■ 남들에게 보이고 싶지 않은 데이터는 폴더에 잠금을 걸어두는 등 사전에 조치를 해둡시다(스마트폰이나 컴퓨터 본체에 관한 정보는 32쪽을 참조해 주세요).

1 휴대전화 · 컴퓨터 · 데이터 등의 처분
처분을 부탁하고 싶은 사람의 이름과 연락처 등을 기재해 주세요.

☐ 내부를 봐도 상관없다. ☐ 내부는 보지 않고 모든 데이터를 삭제해 주기를 바란다.
☐ 반드시 지우고 싶은 데이터가 있다. (폴더명 · 저장 위치 :　　　　　　　　　　　　　)

| ☐ 기타 | 성명 | | 연락처 | － 　 － |

2 SNS · 콘텐츠 플랫폼 · 블로그 처분
계정 삭제 또는 메시지 전송 등 필요한 조치가 있다면 기재해 주세요.

명칭	사이트 주소 · 계정
처분 방법	
전달 사항 및 메시지	☐ 전하고 싶은 말이 있다. (내용 :　　　　　　　) ☐ 평소 연락하던 사람들에게 메시지를 보내주었으면 좋겠다. (내용 :　　　) ☐ 필요 없다.　　☐ 기타 (　　　　　)

명칭	사이트 주소 · 계정
처분 방법	
전달 사항 및 메시지	☐ 전하고 싶은 말이 있다. (내용 :　　　　　　　) ☐ 평소 연락하던 사람들에게 메시지를 보내주었으면 좋겠다. (내용 :　　　) ☐ 필요 없다.　　☐ 기타 (　　　　　)

명칭	사이트 주소 · 계정
처분 방법	
전달 사항 및 메시지	☐ 전하고 싶은 말이 있다. (내용 :　　　　　　　) ☐ 평소 연락하던 사람들에게 메시지를 보내주었으면 좋겠다. (내용 :　　　) ☐ 필요 없다.　　☐ 기타 (　　　　　)

명칭	사이트 주소 · 계정
처분 방법	
전달 사항 및 메시지	☐ 전하고 싶은 말이 있다. (내용 :　　　　　　　) ☐ 평소 연락하던 사람들에게 메시지를 보내주었으면 좋겠다. (내용 :　　　) ☐ 필요 없다.　　☐ 기타 (　　　　　)

30 반려동물에 관하여

- 반려동물을 돌볼 수 없게 될 경우를 대비해 정보를 정리해 둡시다.
- 직접 반려동물을 돌볼 수 없을 때 맡아줄 곳을 찾아 계약하거나 유언을 남기는 등 대비책을 세워 둡시다.
- 반려동물을 맡아줄 사람이나 단체(업체)가 있다면 연락처를 기입해 둡시다.

1 반려동물에 관하여

반려동물에 관한 상세한 정보는 제삼자에게 임시로 반려동물을 맡길 때도 도움이 됩니다.

이름		종류		나이	
혈액형	형	성별	암컷 · 수컷	중성화	☐ 했다. ☐ 하지 않았다.
등록번호		혈통서	☐ 없음　☐ 있음 (보관 장소 :		)
지병 · 기왕력 · 상용약					
음식 주의점					
환경 주의점					
돌봄 주의점					
입양 의뢰처		연락처	－	－	
비고					

이름		종류		나이	
혈액형	형	성별	암컷 · 수컷	중성화	☐ 했다. ☐ 하지 않았다.
등록번호		혈통서	☐ 없음　☐ 있음 (보관 장소 :		)
지병 · 기왕력 · 상용약					
음식 주의점					
환경 주의점					
돌봄 주의점					
입양 의뢰처		연락처	－	－	
비고					

남겨질 반려동물을 위해 할 수 있는 일

병이나 시설 입소로 인해 직접 돌볼 수 없을 때나 사후를 대비해 반려동물을 친인척 또는 지인에게 맡기거나 반려동물을 맡아줄 업체와 계약하는 방법을 고려할 수 있습니다. 사후에 의뢰가 확실히 이행될 수 있도록 반려동물의 돌봄을 조건으로 재산을 증여하는 방법으로, 유언에 의한 부담부 유증, 계약에 의한 사인증여死因贈與도 있습니다.

<table>
<tr><td>2</td><td colspan="3">자주 가는 동물 병원</td><td colspan="2">반려동물의 상태를 잘 알고 있는
병원의 연락처를 기재해 주세요.</td></tr>
<tr><td>명칭</td><td></td><td>연락처</td><td></td><td>–</td><td>–</td></tr>
<tr><td>소재지</td><td colspan="5">우)</td></tr>
<tr><td>비고</td><td colspan="5"></td></tr>
</table>

<table>
<tr><td>3</td><td colspan="3">가입된 반려동물 보험</td><td colspan="2">가족이나 친구가 대리로 청구할 수 있는지 미리
확인해 둡시다.</td></tr>
<tr><td>보험사명</td><td></td><td>연락처</td><td></td><td>–</td><td>–</td></tr>
<tr><td>증권번호</td><td colspan="5"></td></tr>
<tr><td>내용</td><td colspan="5"></td></tr>
<tr><td>비고</td><td colspan="5"></td></tr>
</table>

<table>
<tr><td>4</td><td colspan="3">입양 보내기로 약속해 둔 사람 · 업체</td><td colspan="2">유언이나 계약서는 변호사 등 전문가에게 상담받은 후
작성해 주세요.</td></tr>
<tr><td>성명 ·
업체명</td><td></td><td>연락처</td><td></td><td>–</td><td>–</td></tr>
<tr><td>소재지</td><td colspan="5">우)</td></tr>
<tr><td>의뢰 방법</td><td colspan="5">☐ 부담부 유증　☐ 부담부 사인증여　☐ 구두 뜨는 문자 약속
☐ 기타 (　　　　　　　　　　　　　　　　　　　　　　)</td></tr>
<tr><td>내용</td><td colspan="5"></td></tr>
<tr><td>비고</td><td colspan="5"></td></tr>
</table>

<table>
<tr><td>5</td><td colspan="3">반려동물의 장례에 대하여</td><td colspan="2">계약된 반려동물 장묘업체가 있다면 연락처를,
준비되지 않았다면 희망 사항을 기재해 주세요.</td></tr>
<tr><td colspan="3" rowspan="3">☐ 반려동물을 위한 장례를 준비해 두었다.</td><td>업체 또는
묘지 명칭</td><td colspan="2"></td></tr>
<tr><td>소재지</td><td colspan="2">우)</td></tr>
<tr><td>비고</td><td colspan="2"></td></tr>
<tr><td colspan="6">☐ 장례는 준비하지 않았다.　☐ 기타 (　　　　　　　　　　　　　　　　　　　　)</td></tr>
</table>

반려동물의 장례에 관하여

최근 우리 사회에서는 반려동물을 가족의 일원으로 여기며 사람과 유사한 방식으로 장례를 치르는 문화가 확산되고 있습니다. 이에 따라 반려동물을 위한 전용 장묘시설, 수목장, 봉안당(납골당) 등이 점차 늘어나고 있습니다. 반려동물 장묘업체를 선택할 때는 합법적으로 등록된 동물장묘업체인지 확인합시다. 또한 동물 사체를 임의로 매장하거나 불법적으로 처리할 경우 관련 법령에 따라 제재를 받을 수 있으므로 주의합시다.

31 유언장에 관하여

■ 유산 상속 시에는 법정 상속보다 유언에 따른 상속이 우선시됩니다. 최근에는 유산의 금액과 관계없이 상속 분쟁이 늘어나는 추세입니다. 혹시 모를 분쟁을 예방하기 위해서라도 되도록 미리 유언장을 작성해 둡시다.

■ 유언 내용, 유언 작성 형식은 법률로 정해져 있습니다. 분쟁이 예상될 때는 전문가에게 자문하여 공정증서유언을 작성해 두면 안심할 수 있습니다.

유언장 유무	☐ 작성하고 있다.　☐ 작성하지 않았다.		
종류	☐ 자필증서유언　☐ 녹음유언　☐ 공정증서유언　☐ 비밀증서유언		
작성일	년　　　월　　　일	보관 장소	

유언집행자

성명		직업	
주소		연락처	－　　　－
비고			

종류	자필증서유언	녹음유언	공정증서유언	비밀증서유언
작성 방법	유언자가 유언장 전문(全文)을 직접 자필로 작성하고 날인. 외국어나 속기 문자도 가능.	유언자가 육성으로 유언의 취지 등을 구술하여 음반, 테이프, 필름 등에 기록.	증인 2명의 참여 하에 유언자가 유언의 취지를 구수(口授)※하고 공증인이 이를 필기·낭독.	유언자가 유언장을 엄봉날인(嚴封捺印)하고 이를 2명 이상의 증인 앞에 자신의 유언장임을 표시. 그 표면에 기재된 날로부터 5일 이내에 공증인 또는 법원 서기에게 제출하여 확정일자인을 받아야 한다
작성 비용	0원	증인 보수	작성 수수료 11,000원부터. 증인 보수 등	확정일자인 비용. 증인 보수 등
증인	불필요	1명	2명	2명 이상
보관 방법	자택 등	자택 등	공증사무소	자택 등
가정법원 검인	필요	필요	불필요	필요
장점	언제 어디서든 본인이 자유롭게 작성할 수 있으며 유언 내용뿐만 아니라 유언을 작성한 일도 비밀로 할 수 있다. 비용이 들지 않는다.	위·변조의 위험이 적다. 비용이 들지 않는다.	법적으로 유효한 유언장을 작성할 수 있다. 검인 절차가 불필요하며, 사후에 바로 내용을 확인할 수 있다. 위·변조 또는 분실의 위험이 없다.	유언 내용을 비밀로 할 수 있지만, 타인에게 필기를 부탁할 수도 있다. 위·변조의 위험이 적다.
단점	서식이나 내용 등 법률에 정해진 방식을 준수하지 않으면 무효. 분실이나 위·변조, 사후에 발견되지 않는 등의 위험이 있다. 사후 검인이 필요하다.	서식이나 내용 등 법률에 정해진 방식을 준수하지 않으면 무효. 분실 또는 사후에 발견되지 않는 등의 위험이 있다. 사후 검인이 필요하다.	재산 금액이나 상속인 수 등에 따른 비용에 차이가 있다. 증인과 작성 준비가 필요하다.	절차가 복잡하며, 증인과 사후 검인이 필요하다. 분실의 위험이 있다.

✔ 유언장의 기본

유언자는 자신의 의사에 따라 자필, 녹음, 녹화 등 자유롭게 유언할 수 있고 언제든지 이를 변경 또는 철회할 수 있습니다. 민법에서 정한 유언 사항에는 '가족관계(인지, 후견 등)·재산의 처분(유증, 신탁 등)·상속·유언의 집행'에 관한 사항이 있습니다.

✔ 유언의 방식은 ①자필증서 ② 녹음 ③공정증서 ④비밀증서 ⑤구수증서 5종이 있습니다

모든 유언은 법률에서 정한 일정한 방식을 갖추어야 합니다. 자필증서 유언장은 본인이 직접 자필로 작성하는 유언으로, 타인이 대필한 경우에는 비록 유언자가 구술하였다거나 승인한 것이라 하더라도 유언의 효력이 없습니다. 공정증서 유언장은 증인 2명의 참여 하에 공증인이 작성합니다.

✔ 유언의 검인(檢認)이란

검인이란 유언자의 최종 의사를 확실하게 보존하고 그 내용을 이해관계인이 확실히 알 수 있도록 법원이 유언방식에 관한 모든 사실을 조사한 후 이를 확정하는 절차입니다. 유언장을 발견했다면 임의로 개봉해서는 안 되며 유언자가 사망한 뒤 바로 가정법원에서 검인을 받아야 합니다.

※ '구수(口授)'란 입으로 말해 상대방에게 전하여 그것을 기록하게 하는 걸 말하는 것이고, '구수증서유언'은 질병 및 그 밖에 급박한 사유로 인하여 구수로 유언하는 방식을 말한다.

유언장을 작성해야 하는 사람의 유형

자녀가 없다

배우자에게 전 재산을 상속하고자 하는 유언이 있어도, 피상속인의 부모가 모두 유류분을 주장하여도 배우자에게 전 재산의 17/21을 상속합니다. 형제는 유류분을 주장할 수 없습니다.

전 배우자와의 사이에 자녀가 있다

재혼하여 현재의 배우자에게도 전 배우자에게도 자녀가 있으며, 법정 상속분과 다른 상속을 원한다면 누구에게 얼마나 상속할 것인지 유언장을 작성해야 합니 다.

법정상속인 이외의 사람에게 재산을 남기고 싶다

손주나 조카, 자신을 돌봐준 첫째 며느리, 지인, 단체 등에 재산을 남기고 싶다면 남기고 싶은 이유도 기재해 유언장을 작성합니다.

법정상속인이 없다

상속인이 없다면 원칙적으로 유산은 국가에 귀속됩니다. 유산을 기부하고 싶거나 법정상속인에 해당하지 않는 친인척 또는 친구 등에게 남기고 싶다면 유언을 작성하고, 유언집행자를 지정해야 합니다.

법정상속인이 치매에 걸렸다

상속인이 치매라면 상속재산 분할 협의 시 성년후견인이 필요하므로 절차가 복잡해집니다. 상속재산 분할 협의를 하지 않아도 상속 절차를 진행할 수 있는 내용의 유언을 작성합시다.

재산의 분배 방식을 지정하고 싶다

아내에게는 자택, 장남에게는 예·적금, 장녀에게는 유가증권 등의 재산 분배 방식 또는 아내에게 ⅔, 자녀들에게는 각각 ⅙씩 등 상속 비율을 직접 지정하고 싶다면 유언장을 작성합시다. 이때 유류분을 고려하여 작성합시다.

법정상속인끼리 사이가 좋지 않다

유언이 없다면 재산 분배 방식은 상속인 간에 상의하여 정하게 되지만 사이가 좋지 않다면 다투게 될 수도 있습니다. 그러니 유언장에 분배 방식을 지정하고 그 이유도 작성합시다.

주된 재산이 자택

예를 들어, 배우자가 살고 있는 자택이 주된 유산일 경우 자녀가 법정상속분의 상속을 주장하면 자택을 처분해야 합니다. 그러니 분쟁을 방지하기 위해 유언장을 작성합시다.

개인 사업가

사업을 물려주고자 한다면 유언으로 후계자를 지정하고 경영의 기반인 토지나 건물과 같은 부동산, 설비 등을 상속할 수 있도록 해둡시다.

MEMO

자필증서유언 예시

"아내, 장남, 첫째 며느리에게 재산을 남긴다"라는 내용의 자필증서유언의 한 예시입니다. 자필증서유언은 서식이나 내용에 일정한 양식을 갖추지 않으면 법적 효력이 없으므로 세심한 주의가 필요합니다.

자필증서에 의한 유언 증서 ── ①

유언자 홍길동

　　　　1965년 1월 1일생

　　　　등록기준지 서울특별시 종로구 ○○로 123

　　　　주소 서울특별시 종로구 ○○로 123(우편번호 : 12345)

　　　　전화 010-1234-5678

유언사항

나는 다음과 같이 유언한다.

(1) 재산의 사인증여(민법 제562조 계약임, 등기원인은 "증여"가 된다) 또는 유증(민법 제1073조 단독행위임, 등기원인은 · 유증 · 이 된다)에 관하여,

서울특별시 종로구 ○○로 123 대지 90㎡와 동 지상 철근 콘크리트조 슬라브지붕 1층 주택 건평 45㎡는 이를 상속인 중 아내 김영희(주소 : 서울특별시 종로구 ○○로 123 생년월일 : 1968년 7월 1일)에게 증여하고, ── ②

한국은행 서울 본점에 있는 보통예금(계좌 번호 : 123456789)의 전액을 장남 지훈(주소 : 서울특별시 중구 △△로 123 생년월일 : 1990년 12월 31일)에게 증여하고, ── ③

한국증권 서울 본점(계좌 번호 : 1XXXXX)에 있는 유언자 명의의 유가증권 전부를 장남 지훈의 처 김지현(주소 : 서울특별시 중구 △△로 123 생년월일 : 1990년 2월 1일)에게 유증하고, ── ④

상기 이외의 재산은 전부 아내 김영희에게 증여하고, ── ⑤

이 사인증여(또는 유증)는 나의 사망으로 인하여 효력이 발생한다.

(2) 유언집행자의 지정에 관하여

위 사인 증여 계약(또는 유증)의 이행을 위하여 유언집행자로 장남 지훈(주소 : 서울특별시 중구 △△로 123 주민등록번호 : 901231 - 1XXXXXX)를 지정한다. ── ⑥

⑦ ── 작성일자 서기 20XX년 OO월 OO일

⑧ ──────────── 유 언 자 성명 홍길동

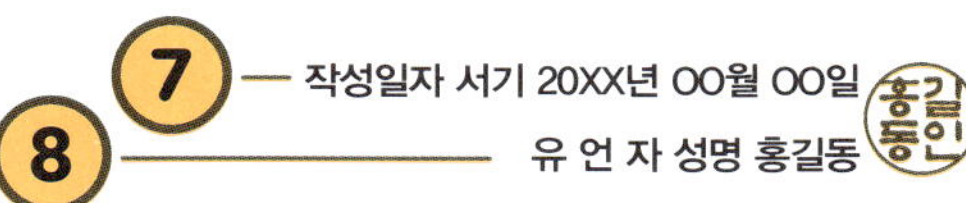

"

작성 포인트

1 ─── 유언장의 전문全文, 날짜, 성명을 유언자 본인이 자필로 작성합니다. 각 항목마다 상속인의 주소와 생년월일을 빠뜨리지 않고 기재합니다.

2 ─── 부동산에 대해서는 등기부등본에 기재된 내용에 따라 작성합니다. 등기부등본의 사본을 첨부해 두면 좋겠지요. 지분이 있는 사유지 도로 등도 빠짐없이 작성합니다.

3 ─── 예·적금 및 유가증권 등은 금융 기관명, 지점명, 종류, 계좌 번호 등을 객관적으로 특정할 수 있도록 작성합니다.

4 ─── 법정상속인이 아닌 사람에게도 재산을 남기고 싶다면 주소나 생년월일 등도 병기하여 특정합니다. 또한 '증여한다'가 아닌 '유증한다'라고 적습니다.

5 ─── 이러한 문장을 적어두면 전 재산에 대해 빠짐없이 지정할 수 있습니다.

6 ─── 유언 내용을 실현하기 위한 행위를 집행. 유언집행자는 가족 또는 제삼자에게 유언으로 지정하거나 그 지정을 위탁할 수 있습니다. 유언집행자의 지정이 없을 때에는 이해관계인의 청구에 따라 법원이 선임합니다.

7 ─── 날짜(작성 연월일)가 없으면 법적 효력이 없으므로 반드시 적어둡니다.

8 ─── 무인拇印 또는 압인이 없거나 서명을 한 경우 법적 효력이 없으므로 주의! 주소는 적지 않아도 됩니다.

7

내가 걸어온 길

다녔던 학교나 직장, 살았던 동네, 취미나 특기 등 추억과 함께
가족이나 소중한 사람들에게 마음을 남겨둡시다.
인생을 돌아보는 과정에서 앞으로 하고 싶은 일도 명확해집니다.

32 나의 학력·경력·살던 곳

■ 졸업한 학교, 다녔던 직장, 지금까지 살았던 동네 등을 추억과 함께 적어봅시다.
■ 기록하는 과정을 통해 인생을 돌아보고, 노후에 대해 다양한 이야기를 나누는 계기가 될 수 있습니다.

1 학력

유소년기부터 적어나가면 그 시절이 떠올라 그리운 기분이 들지요. 음악, 미술, 서예, 운동 등 수강했던 강의를 적어도 좋습니다.

학교	명칭	재학 기간	추억
초등(국민)학교		년　 월 ~ 년　 월	
초등(국민)학교		년　 월 ~ 년　 월	
초등(국민)학교		년　 월 ~ 년　 월	
중학교		년　 월 ~ 년　 월	
중학교		년　 월 ~ 년　 월	
고등학교		년　 월 ~ 년　 월	
고등학교		년　 월 ~ 년　 월	
		년　 월 ~ 년　 월	
		년　 월 ~ 년　 월	

MEMO

____

____

____

____

② 직장 · 아르바이트 경력

다녔던 직장이나 아르바이트 등을 써 봅시다. 경력은 연금 가입 이력 확인에도 도움이 되는 정보입니다.

회사명		소재지	
계약 형태	☐ 정직원　☐ 기타 ( )	재직 기간	년　월 ~　년　월
추억			
회사명		소재지	
계약 형태	☐ 정직원　☐ 기타 ( )	재직 기간	년　월 ~　년　월
추억			
회사명		소재지	
계약 형태	☐ 정직원　☐ 기타 ( )	재직 기간	년　월 ~　년　월
추억			
회사명		소재지	
계약 형태	☐ 정직원　☐ 기타 ( )	재직 기간	년　월 ~　년　월
추억			
회사명		소재지	
계약 형태	☐ 정직원　☐ 기타 ( )	재직 기간	년　월 ~　년　월
추억			

③ 살았던 동네

과거에 살았던 곳의 주소나 추억. 주소가 기억나지 않으면(주민등록초본을 발급받아 확인할 수도 있음) 도시나 동네 이름이라도 기재해 봅시다.

주소	우)	거주 기간	년　월 ~　년　월
추억			
주소	우)	거주 기간	년　월 ~　년　월
추억			
주소	우)	거주 기간	년　월 ~　년　월
추억			
주소	우)	거주 기간	년　월 ~　년　월
추억			
주소	우)	거주 기간	년　월 ~　년　월
추억			
주소	우)	거주 기간	년　월 ~　년　월
추억			

33 나의 가치관에 대하여

■ 취미, 특기, 자격, 자신의 성격, 신조, 좋아하는 것과 싫어하는 것 등 자신을 돌아보며 기록하다 보면 앞으로의 인생을 더 즐겁게 보낼 방법을 발견할 수도 있습니다.

■ 가족이나 주변 사람들이 당신을 이해하는 중요한 계기가 될 수도 있습니다.

1 자격 · 면허 · 특기

지금까지 취득한 자격증과 면허증 및 특기 등을 써 봅시다.
증명서나 실물 자격증이 있다면 보관 장소도 기재해 보세요.

자격 · 면허 · 특기	수상 이력 · 기록 등

2 나의 성격

내가 생각하는 나의 성격과 가족이나 친구에게 들은
이야기, 장점과 단점 등을 써 봅시다.

3 나의 신조 · 좌우명 · 존경하는 사람

내 삶의 기반이 되는 생활신조나 이를 형성하는 데
영향을 준 사람 등이 있다면 써 봅시다.

나의 신조	
나의 좌우명	
내가 존경하는 사람	

내가 좋아하는 것

좋아하는 스포츠 · 선수	
좋아하는 영화 · 연극 및 감독	
좋아하는 TV나 라디오 프로그램	
좋아하는 유명인	
좋아하는 음악 · 가수	
좋아하는 책 · 작가	
좋아하는 예술가	
좋아하는 브랜드	

좋아하는 장소		좋아하는 계절	
좋아하는 동물		좋아하는 꽃	
좋아하는 색		좋아하는 향	

내가 싫어하는 것

작성일 ／　　 년　　 월　　 일

가족과의 추억

■ 가족과의 추억, 가족에 대한 마음을 적는 장입니다.
■ '할아버지, 할머니의 업적' '우리 집 풍습' '우리 가족이 좋아하는 음식'과 같이
　다음 세대에 물려주고 싶은 것도 적어봅시다.

1 가족에 대하여
소중한 가족과의 일화나 그리운 추억 등 한 명, 한 명 얼굴을 떠올리며 적어봅시다.

관계	이름 · 호칭	일화 · 추억
아버지		
어머니		
(아버지 쪽) 할아버지		
(아버지 쪽) 할머니		
(어머니 쪽) 할아버지		
(어머니 쪽) 할머니		
형제 · 자매 · 남매		
형제 · 자매 · 남매		
형제 · 자매 · 남매		
형제 · 자매 · 남매		

관계	이름 · 호칭	일화 · 추억
배우자 · 연인		
자녀		
자녀		
자녀		
자녀		
손주		
손주		
손주		
손주		
반려동물		
반려동물		
반려동물		

2 우리 집에 대하여

조상에 관한 이야기나 대대로 내려오는 풍습 등 자녀나
손주에게 전하고 싶은 이야기가 있다면 써 봅시다.

35 인생의 소중한 추억

■ 어릴 적 추억, 학창 시절 추억, 기념일이나 가족 행사, 인생의 전환점이
되었던 일 등을 차분히 돌아보며 작성해 봅시다.

시기	
추억	

시기	
추억	

시기	
추억	

시기	
추억	

| 시기 | |
| 추억 | |

| 시기 | |
| 추억 | |

| 시기 | |
| 추억 | |

| 시기 | |
| 추억 | |

| 시기 | |
| 추억 | |

36 소중한 사람에게 남기는 메시지

■ 가족, 친인척, 친구, 지인, 도움을 받은 사람 등에게 마음을 담은 메시지를
 남기는 장입니다.
■ 감사한 마음, 사과하고 싶은 일, 신경 쓰였던 일 등을 모두 글로 남겨둡시다.

씨에게

메시지

씨에게

메시지

씨에게

메시지

씨에게

메시지

씨에게

메시지

씨에게

메시지

씨에게

메시지

씨에게

메시지

씨에게

메시지

씨에게

메시지

씨에게

메시지

씨에게

메시지

씨에게

메시지

씨에게

메시지

37 앞으로 하고 싶은 일·
앞으로의 목표

■ 여행, 취미, 누군가와의 만남 등 하고 싶은 일이나 도전하고 싶은 일의 목록을 작성해 봅시다.
'○○를 먹고 싶다'와 같은 소소한 일도 좋습니다.

■ 꿈을 실현하기 위해 목표 기한(예시 : 1년 뒤)과 예산 등을 구체적으로 적어둘 것을 권장합니다.

1 앞으로 하고 싶은 일 · 도전하고 싶은 일

10가지 이상이라면 다른 종이에 써서 이 페이지에 부착해 주세요.

1	2
3	4
5	6
7	8
9	10

<table>
<tr><td>**2**</td><td>**가고 싶은 곳**</td><td>국내 또는 해외 여행지, 옛날에 살던 동네, 드라마나
영화 촬영지, 추억의 장소 등이 있다면 써 봅시다.</td></tr>
</table>

장소	이유

<table>
<tr><td>**3**</td><td>**만나고 싶은 사람**</td><td>연락만 주고받았던 친구, 스승, 도움을 준 사람
등이 있다면 써 보세요.</td></tr>
</table>

이름	이유

<table>
<tr><td>**4**</td><td>**갖고 싶은 것**</td><td>어떤 것이든 원하는 것이 있다면 그 이유와 함께
작성해 봅시다.</td></tr>
</table>

명칭	이유

<table>
<tr><td>**5**</td><td>**만약 다시 태어난다면**</td><td>다시 태어난다면 어떤 인생을 보내고 싶은지,
무엇을 하고 싶은지 등 생각나는 대로 작성해 보세요.</td></tr>
</table>

MEMO

다음과 같은 도움이 필요할 때 상담할 곳

●변호사

– 유언장 법적 자문
– 공정증서유언의 증인
– 유언집행자 의뢰
– 상속 개시 후 상속재산 분할 협의서 작성
– 상속 분쟁 소송 등

●법무사

– 유언장 작성
– 상속 관련 법적 자문
– 상속 개시 후 가정법원에 관련 서류 작성 및 제출
– 상속재산 분할 협의서 작성
– 부동산 등기
– 상속받은 재산의 명의 변경 등

●세무사

– 상속세 · 증여세 자문
– 상속 개시 후 상속세 여부 상담
– 상속세 신고 서류 작성 및 제출 대행 등

●공증인

– 공정증서유언 조언 · 작성 · 보관
– 임의후견 계약 체결을 위한 공정증서 작성

●행정사

– 유언장 작성 지원, 상속 관계 확인 등
– 관공서 제출 서류 작성 대행

●재무설계사(FP)

– 라이프 플랜(머니 플랜)의 상담 및 조언
– 증여 및 상속 상담 등
– 필요에 따라 변호사, 법무사, 세무사 등의 전문가에게 연결

내 삶에 가장 도움이 되는

나의 엔딩 노트

1판 1쇄 인쇄 | 2026년 3월 4일
1판 1쇄 발행 | 2026년 3월 18일

지은이 주부의 벗
감수자 야마다 시즈에
옮긴이 유서윤
펴낸이 김기옥

실용본부장 박재성
실용팀 이소정
마케터 서지운
지원 고광현, 김형식

디자인 이창욱
인쇄 · 제본 민언프린텍

펴낸곳 한스미디어(한즈미디어(주))
주소 (우 04027) 서울시 마포구 양화로 11길 13(서교동, 강원빌딩 5층)
전화 02-707-0337 | **팩스** 031-707-0198 | **홈페이지** www.hansmedia.com
출판신고번호 제 313-2003-227호 | **신고일자** 2003년 6월 25일

ISBN 979-11-24272-06-0 13330

·책값은 뒤표지에 있습니다.
·잘못 만들어진 책은 구입하신 서점에서 교환해 드립니다.

[면책 사항]
본 도서가 제공하는 정보나 내용을 이용함에 따라 생기는 손해 또는 문제에 대해 지은이 · 옮긴이 · 출판사는 어떠한 책임도 지지
않으므로 양해 바랍니다. 또한 법 개정 및 제도 개편 등에 따라 내용이 달라질 수 있습니다.

MY LIFE NOTE

memo

기록해 보세요!

[illegible]

보관 장소의 힌트를 신뢰할 수 있는 사람에게 전달해 주세요.

나의 엔딩 노트
중요 정보 메모 노트

● 반드시 엔딩 노트와 분리하여 별도로 작성합니다.
● 비밀번호와 작성일 등을 기재하고 비밀번호를 변경했을 때는 반드시 메모 노트도 수정합니다. 연필 혹은 지워지는 펜(단, 지워지는 펜은 열에 약하므로 주의)으로 작성하면 편리합니다.
● 비밀번호는 손으로 작성 시 오·탈자의 위험이 있으므로 컴퓨터와 같은 디지털 장치에서 복사·붙여넣기 기능을 활용해 비밀번호 목록을 작성한 후 출력하여 붙여둘 것을 권장합니다.
● 작성 후 테이프로 붙여 봉인해 두면 안전하겠지요.
● 메모 노트는 엔딩 노트와 분리하여 자택 금고와 같은 눈에 잘 띄지 않는 장소에 보관하며 외부에는 가지고 나가지 않도록 합니다. 은행의 대여 금고는 사망 시 상속 절차가 끝나기 전까지 열 수 없으므로 보관 장소로는 추천하지 않습니다.
● 보관 장소의 힌트를 신뢰할 수 있는 사람에게 구두로 전달해 둡시다.

[면책 사항]
본 도서가 제공하는 정보나 내용을 이용함에 따라 생기는 손해 또는 문제에 대해 지은이·옮긴이·출판사는 어떠한 책임도 지지 않으므로 양해 바랍니다. 또한 법 개정 및 제도 개편 등에 따라 내용이 달라질 수 있습니다.

나의 엔딩 노트 7-1 (32쪽) 피처폰·스마트폰·태블릿

형태	□ 피처폰 □ 스마트폰 □ 태블릿	전화번호	–	–
비밀번호		작성일	년 월	일

형태	□ 피처폰 □ 스마트폰 □ 태블릿	전화번호	–	–
비밀번호		작성일	년 월	일

형태	□ 피처폰 □ 스마트폰 □ 태블릿	전화번호	–	–
비밀번호		작성일	년 월	일

형태	□ 피처폰 □ 스마트폰 □ 태블릿	전화번호	–	–
비밀번호		작성일	년 월	일

형태	□ 피처폰 □ 스마트폰 □ 태블릿	전화번호	–	–
비밀번호		작성일	년 월	일

나의 엔딩 노트 7-2 (32쪽) 컴퓨터

제조사명		기종			
비밀번호		작성일	년	월	일

제조사명		기종			
비밀번호		작성일	년	월	일

제조사명		기종			
비밀번호		작성일	년	월	일

메일 주소

메일 주소		비밀번호			
		작성일	년	월	일
메일 주소		비밀번호			
		작성일	년	월	일
메일 주소		비밀번호			
		작성일	년	월	일
메일 주소		비밀번호			
		작성일	년	월	일
메일 주소		비밀번호			
		작성일	년	월	일
메일 주소		비밀번호			
		작성일	년	월	일
메일 주소		비밀번호			
		작성일	년	월	일
메일 주소		비밀번호			
		작성일	년	월	일
메일 주소		비밀번호			
		작성일	년	월	일
메일 주소		비밀번호			
		작성일	년	월	일

카카오톡 등 메신저 앱

앱 이름		비밀번호			
		작성일	년	월	일
앱 이름		비밀번호			
		작성일	년	월	일
앱 이름		비밀번호			
		작성일	년	월	일
앱 이름		비밀번호			
		작성일	년	월	일
앱 이름		비밀번호			
		작성일	년	월	일
앱 이름		비밀번호			
		작성일	년	월	일
앱 이름		비밀번호			
		작성일	년	월	일

웹사이트·온라인 쇼핑몰 등

명칭		비밀번호			
		작성일	년	월	일

명칭		비밀번호			
		작성일	년	월	일

명칭		비밀번호			
		작성일	년	월	일

명칭		비밀번호			
		작성일	년	월	일

명칭		비밀번호			
		작성일	년	월	일

명칭		비밀번호			
		작성일	년	월	일

명칭		비밀번호			
		작성일	년	월	일

명칭		비밀번호			
		작성일	년	월	일

명칭		비밀번호			
		작성일	년	월	일

명칭		비밀번호			
		작성일	년	월	일

명칭		비밀번호			
		작성일	년	월	일

명칭		비밀번호			
		작성일	년	월	일

명칭		비밀번호			
		작성일	년	월	일

명칭		비밀번호			
		작성일	년	월	일

명칭		비밀번호			
		작성일	년	월	일

명칭		비밀번호			
		작성일	년	월	일

명칭		비밀번호			
		작성일	년	월	일

명칭		비밀번호			
		작성일	년	월	일

명칭		비밀번호			
		작성일	년	월	일

명칭		비밀번호			
		작성일	년	월	일

명칭		비밀번호			
		작성일	년	월	일

명칭		비밀번호			
		작성일	년	월	일

명칭		비밀번호			
		작성일	년	월	일

명칭		비밀번호			
		작성일	년	월	일

명칭		비밀번호			
		작성일	년	월	일

명칭		비밀번호			
		작성일	년	월	일

명칭		비밀번호			
		작성일	년	월	일

명칭		비밀번호			
		작성일	년	월	일

명칭		비밀번호			
		작성일	년	월	일

명칭		비밀번호			
		작성일	년	월	일

명칭		비밀번호			
		작성일	년	월	일

명칭		비밀번호			
		작성일	년	월	일

명칭		비밀번호			
		작성일	년	월	일

명칭		비밀번호			
		작성일	년	월	일

명칭		비밀번호			
		작성일	년	월	일

명칭		비밀번호			
		작성일	년	월	일

웹사이트·온라인 쇼핑몰 등

명칭		비밀번호			
		작성일	년	월	일

명칭		비밀번호			
		작성일	년	월	일

명칭		비밀번호			
		작성일	년	월	일

명칭		비밀번호			
		작성일	년	월	일

명칭		비밀번호			
		작성일	년	월	일

명칭		비밀번호			
		작성일	년	월	일

명칭		비밀번호			
		작성일	년	월	일

명칭		비밀번호			
		작성일	년	월	일

명칭		비밀번호			
		작성일	년	월	일

명칭		비밀번호			
		작성일	년	월	일

명칭		비밀번호			
		작성일	년	월	일

명칭		비밀번호			
		작성일	년	월	일

명칭		비밀번호			
		작성일	년	월	일

명칭		비밀번호			
		작성일	년	월	일

명칭		비밀번호			
		작성일	년	월	일

명칭		비밀번호			
		작성일	년	월	일

명칭		비밀번호			
		작성일	년	월	일

명칭		비밀번호			
		작성일	년	월	일

명칭		비밀번호				
		작성일		년	월	일

명칭		비밀번호				
		작성일		년	월	일

명칭		비밀번호				
		작성일		년	월	일

명칭		비밀번호				
		작성일		년	월	일

명칭		비밀번호				
		작성일		년	월	일

명칭		비밀번호				
		작성일		년	월	일

명칭		비밀번호				
		작성일		년	월	일

명칭		비밀번호				
		작성일		년	월	일

명칭		비밀번호				
		작성일		년	월	일

명칭		비밀번호				
		작성일		년	월	일

명칭		비밀번호				
		작성일		년	월	일

명칭		비밀번호				
		작성일		년	월	일

명칭		비밀번호				
		작성일		년	월	일

명칭		비밀번호				
		작성일		년	월	일

명칭		비밀번호				
		작성일		년	월	일

명칭		비밀번호				
		작성일		년	월	일

명칭		비밀번호				
		작성일		년	월	일

명칭		비밀번호				
		작성일		년	월	일

유선전화·인터넷·텔레비전/전기·가스·상하수도

업체명		홈페이지 비밀번호				
		작성일		년	월	일

업체명		홈페이지 비밀번호				
		작성일		년	월	일

업체명		홈페이지 비밀번호				
		작성일		년	월	일

업체명		홈페이지 비밀번호				
		작성일		년	월	일

업체명		홈페이지 비밀번호				
		작성일		년	월	일

업체명		홈페이지 비밀번호				
		작성일		년	월	일

예·적금 계좌/신용카드

계좌명 · 카드명		계좌 · 카드 비밀번호				
홈페이지 비밀번호		작성일		년	월	일

계좌명 · 카드명		계좌 · 카드 비밀번호				
홈페이지 비밀번호		작성일		년	월	일

계좌명 · 카드명		계좌 · 카드 비밀번호				
홈페이지 비밀번호		작성일		년	월	일

계좌명 · 카드명		계좌 · 카드 비밀번호				
홈페이지 비밀번호		작성일		년	월	일

계좌명 · 카드명		계좌 · 카드 비밀번호				
홈페이지 비밀번호		작성일		년	월	일

계좌명 · 카드명		계좌 · 카드 비밀번호				
홈페이지 비밀번호		작성일		년	월	일

계좌명 · 카드명		계좌 · 카드 비밀번호				
홈페이지 비밀번호		작성일		년	월	일

계좌명 · 카드명		계좌 · 카드 비밀번호				
홈페이지 비밀번호		작성일		년	월	일

계좌명 · 카드명		계좌 · 카드 비밀번호				
홈페이지 비밀번호		작성일		년	월	일

계좌명 · 카드명		계좌 · 카드 비밀번호				
홈페이지 비밀번호		작성일		년	월	일

계좌명 · 카드명		계좌 · 카드 비밀번호				
홈페이지 비밀번호		작성일		년	월	일

계좌명 · 카드명		계좌 · 카드 비밀번호				
홈페이지 비밀번호		작성일		년	월	일

계좌명 · 카드명		계좌 · 카드 비밀번호				
홈페이지 비밀번호		작성일		년	월	일

계좌명 · 카드명		계좌 · 카드 비밀번호				
홈페이지 비밀번호		작성일		년	월	일

계좌명 · 카드명		계좌 · 카드 비밀번호				
홈페이지 비밀번호		작성일		년	월	일

계좌명 · 카드명		계좌 · 카드 비밀번호				
홈페이지 비밀번호		작성일		년	월	일

계좌명 · 카드명		계좌 · 카드 비밀번호				
홈페이지 비밀번호		작성일		년	월	일

계좌명 · 카드명		계좌 · 카드 비밀번호				
홈페이지 비밀번호		작성일		년	월	일

계좌명 · 카드명		계좌 · 카드 비밀번호				
홈페이지 비밀번호		작성일		년	월	일

계좌명 · 카드명		계좌 · 카드 비밀번호				
홈페이지 비밀번호		작성일		년	월	일

계좌명 · 카드명		계좌 · 카드 비밀번호				
홈페이지 비밀번호		작성일		년	월	일

계좌명 · 카드명		계좌 · 카드 비밀번호				
홈페이지 비밀번호		작성일		년	월	일

계좌명 · 카드명		계좌 · 카드 비밀번호				
홈페이지 비밀번호		작성일		년	월	일

계좌명 · 카드명		계좌 · 카드 비밀번호				
홈페이지 비밀번호		작성일		년	월	일

유가증권·그 밖의 금융자산

금융 기관명		홈페이지 비밀번호			
		작성일	년	월	일

금융 기관명		홈페이지 비밀번호			
		작성일	년	월	일

금융 기관명		홈페이지 비밀번호			
		작성일	년	월	일

금융 기관명		홈페이지 비밀번호			
		작성일	년	월	일

보험/연금

보험사명·금융 기관명		홈페이지 비밀번호			
		작성일	년	월	일

보험사명·금융 기관명		홈페이지 비밀번호			
		작성일	년	월	일

보험사명·금융 기관명		홈페이지 비밀번호			
		작성일	년	월	일

보험사명·금융 기관명		홈페이지 비밀번호			
		작성일	년	월	일

보험사명·금융 기관명		홈페이지 비밀번호			
		작성일	년	월	일

보험사명·금융 기관명		홈페이지 비밀번호			
		작성일	년	월	일

보험사명·금융 기관명		홈페이지 비밀번호			
		작성일	년	월	일

보험사명·금융 기관명		홈페이지 비밀번호			
		작성일	년	월	일

비밀번호를 적어 둡시다

자택 도어락, 자전거 자물쇠, 우편함, 금고 등의 비밀번호를 메모해 주세요.

자택 도어락	
우편함	
금고	
(　　　　　　　　)	

그 밖의 중요 정보

명칭		비밀번호			
		작성일	년	월	일

명칭		비밀번호			
		작성일	년	월	일

명칭		비밀번호			
		작성일	년	월	일

명칭		비밀번호			
		작성일	년	월	일

명칭		비밀번호			
		작성일	년	월	일

명칭		비밀번호			
		작성일	년	월	일

명칭		비밀번호			
		작성일	년	월	일

명칭		비밀번호			
		작성일	년	월	일

명칭		비밀번호			
		작성일	년	월	일

명칭		비밀번호			
		작성일	년	월	일

명칭		비밀번호			
		작성일	년	월	일

명칭		비밀번호			
		작성일	년	월	일

명칭		비밀번호			
		작성일	년	월	일

명칭		비밀번호			
		작성일	년	월	일

명칭		비밀번호			
		작성일	년	월	일

명칭		비밀번호			
		작성일	년	월	일

명칭		비밀번호			
		작성일	년	월	일

명칭		비밀번호			
		작성일	년	월	일

MY LIFE NOTE

memo